典座《てんぞ》和尚の精進料理

家庭で楽しむ110レシピ

髙梨尚之

大泉書店

いまこそ精進料理を

八百年来の食育

「食」に関するさまざまな問題や不安を抱える現代社会。平成十七年に「食育基本法」が制定されて以来、現在国を挙げて健全な食生活の実践が推進されています。

いまからさかのぼることおよそ八百年、当時の食生活に対して警鐘をならし、正しき食の心を説いた禅僧がおりました。永平寺《えいへいじ》の開祖、道元禅師《どうげんぜんじ》です。良き食生活なくしては、充実した修行も成り立ちません。野菜や海藻、穀類など大自然の恵みをありがたくいただく精進料理は、長い歴史の中、きびしい修行を積む雲《うん》水《すい》たちのいのちを支えてきたきわめて健康的な料理です。

現代の食の乱れは、忙しさに追われて手作りの料理が敬遠されていることが一因ではないでしょうか。いまこそ、長きにわたる禅の歴史の中で洗練されてきた精進料理の「作る心」と「いただく心」を学び、手作りの料理ならではの暖かさとまごころに触れる好時節なのです。

まずはやってみること

精進料理に興味があるけれど、どうも禅寺の食事は作法も難しそうで、敷居が

高そうだなあ、と感じる方もおられるでしょう。しかしそんな心配は不要です。
禅寺に入門し、調理係に配属された修行僧たちのほとんどが、はじめて包丁を持つ初学者で、中にはキャベツと白菜の違いもわからない者もいるくらいです。ところが毎日一生懸命調理を繰り返すうちに、やがて皆、立派な精進料理を作れるようになるのです。実践を続ければ、必要な知識や技術は自然と身につくものです。

本書の料理を見てわかるとおり、禅寺の精進料理には複雑な技巧や特別な食材は必要ありません。プロの料理とは違い、誰もが作ることができる家庭的な普段着の料理です。ですから、いままではあまり台所に立つ機会が少なかった方にも、ぜひ挑戦していただきたいと思います。

お釈迦様は「ある者に毒矢が刺さったとする。いったい誰が射ったのか、この矢はどの方向から飛んできたのか、矢の材質は何か……そんなことを考えるより先に早く矢を抜いて治療することが第一である」と、難しい理屈はともかく、いますぐに実行することの大切さを説きました。

さっそく、レシピの中から「おいしそうだなあ」と思う料理に挑戦してみてください。満足いく味になるまでチャレンジするうちに、きっと精進料理を好きになっていくことでしょう。そうなればしめたもの。

とにかくなによりもまずはやってみることが大事です。さあ、精進料理の世界に飛び込みましょう！

家庭で作る精進料理

煮る

あえる

炒める

揚げる

焼く

蒸す

寄せる

ご飯もの

本書の使い方
＊材料表の分量は、特に表記のある場合を除き、2人分です。
＊野菜は大きさにより本数等が異なりますので、あくまでも目安です。正確を期する場合は重量を参考にしてください。
＊下ゆで用の塩は材料表に含まれていません。
＊油は、特に表記のある場合を除き、サラダ油です。
＊大さじ1は15㎖、小さじ1は5㎖、カップ1は200㎖です。
＊電子レンジは1000Wを使用していますが、メーカーにより差がありますので、加熱時間は目安です。500・600Wの場合は、様子をみながら加熱時間を長めにしてください。

家庭で作る精進料理

本書では、ご家庭でも作りやすい身近な精進料理を約百十点紹介しています。

レシピは料理の手順や調味料などの分量を他人に伝えることができるたいへん便利な手段なのですが、精進料理の繊細な味を表現するには残念ながら限界があります。

用いる食材の個性はもちろん、たとえばし

ょうゆやみりんなどの調味料は製品によって塩分や甘みなどがだいぶ違いますし、使用する鍋の形状や熱源の性能によっても味は大きく変わります。特に少人数の分量になるほどレシピですべてを表現するのは難しいのです。

ですから、こう考えてください。本書で紹介しているレシピはあくまでおおまかな目安としてとらえ、実際に調理していく中で、ご自身の好みや腕前に応じて臨機応変に調整していただきたいのです。また、使用する食材も無理に表記通り揃える必要はなく、手元にある素材をうまく組み合わせて調理してください。

よりよき味を求めて精進を重ね、自分だけのこだわりの一品を追求することは、料理の大きな楽しみです。家庭ならではの、暖かみのある料理がなによりだと思います。

煮る

加熱することによって食材をやわらかくし、
同時に味をつける調理法です。
急いで濃い味を無理につけようとしても
うまくいきません。時間をかけながら
調理酒やみりんを使って、素材の持ち味を引き出し、
塩やしょうゆで味と香りを調えるのがコツです。

だいこんの煮もの

材料

だいこん―― 1/3本（500g）
厚揚げ―― 1枚弱（100g）
A
昆布だし―― カップ3
酒―― 大さじ4 2/3（70㎖）
みりん―― 大さじ2
砂糖―― 小さじ2
しょうゆ―― 大さじ1

作り方

1 だいこんを厚めの輪切りにし、皮をむき、面取りする。厚揚げは食べやすい大きさに切る。

2 鍋に**1**と**A**を入れて火にかけ、沸騰したら弱火にし、落としぶたかクッキングペーパーをのせて、コトコトと2時間ほど煮る。

＊途中、煮汁がなくなりそうになったら、昆布だしカップ1/2としょうゆ小さじ1/2（ともに材料表外）を加える。

3 2時間経ったら火を止め、そのまま半日くらいおく。十分に味がしみたら、さらに5分ほど弱火で加熱する。器に盛り、塩ゆでしただいこんの葉（材料表外）を添える。

こういうシンプルな料理でこそ、必要以上に飾らない素朴な禅味を味わうことができます。根気よく弱火で煮てやわらかく仕上げます。

ひじき煮

材料

乾燥ひじき――20g
れんこん――1節（100g）
にんじん――1/6本（30g）
干ししいたけ（だしがら）――3枚（30g）
油揚げ――1枚（20g）
ゆでグリーンピース――大さじ3（30g）
＊ゆで大豆でもよい。

A
しいたけだし――カップ1
酒――カップ1/4（50㎖）
みりん――大さじ2
砂糖――小さじ2

しょうゆ――小さじ2
油――小さじ1

作り方

1 乾燥ひじきをぬるま湯で戻し、食べやすい長さに切る。

2 れんこんは皮をむき、いちょう切りにする。酢ごく少々（材料表外）を入れた水に5分ほどつけておく。

3 にんじんは皮をむき、いちょう切りにし、干ししいたけもいちょう切りにする。

4 油揚げを縦半分に切り、さらに細切りにする。

5 鍋に油を熱し、**1**～**4**の具を炒める。全体に油がまわったら**A**を加え、アクをとりながら弱火で5分ほど煮、しょうゆも加えてさらに15分ほど弱火で煮る。

6 火を止め、そのまま20分ほどおいてグリーンピースを加える。いただく前に再び軽く温める。

栄養豊富なひじき。れんこんを加えることで食感が豊かになります。多めに作って、常備菜として冷蔵庫に備えておきたい一品です。

古たくあんと昆布の炊き合わせ

材料

たくあん――100g
刻み昆布（または、だしがら昆布の細切り）――10g
ごぼう、にんじん――各適量（各20gくらい）
A
昆布だし――カップ3/4（150ml）
酒――大さじ2
みりん――大さじ1 1/3（20ml）
砂糖――小さじ1
しょうゆ――小さじ2

作り方

1 たくあんは厚さ3mmの輪切りにする。
*塩気が強いたくあんは水につけ、5分おきに何度か水を取り替えて、塩抜きする（あまり抜きすぎないように）。

2 刻み昆布をぬるま湯で戻す。

3 ごぼうとにんじんの皮をむき、細切りにする。

4 鍋に**1**～**3**、**A**を入れ、弱火で15分ほど煮る。火を止め、そのままおいて味をしみ込ませる。
*かたいたくあんの場合は、ごま油少々（材料表外）で炒めてから煮るとよい。

5 器に盛り、塩ゆでしただいこんの葉（材料表外）を細かく刻んで天盛りにする。

春を越えて酸っぱくなったたくあんを利用します。昆布のうまみがしみたたくあんを、ポリポリと味わうと最高です。

かぼちゃのいとこ煮

古来風邪よけとして冬至に食べるこの料理。諸説ありますが、味が似ている甘い食材をおいおい（甥々）煮ることから、いとこ煮と呼ばれています。小豆をなるべくやわらかく煮ることがコツです。

材料

かぼちゃ――1/6個（250g）
小豆――50g

A
- 水――カップ2
- 酒――大さじ2
- みりん――大さじ1 1/3（20㎖）
- 砂糖――小さじ2
- しょうゆ――小さじ1

B
- 昆布だし――カップ2 1/2
- 酒――カップ1/4（50㎖）
- みりん――大さじ2
- しょうゆ――小さじ2

作り方

1 小豆を鍋に入れて多めの水に一晩ひたし、ひたし汁を捨て、**A**を入れて弱火で煮汁がほぼなくなるまで煮る。

＊煮汁がなくなっても小豆がまだかたい場合は、水を追加してやわらかくなるまで煮る。

2 かぼちゃを食べやすい大きさに切って面取りし、皮の厚い部分はそぐ。

3 **1**の煮汁をきり、**2**と**B**とともに鍋に入れ、落としぶたをして弱火で煮る。

4 煮汁がほぼなくなるまで10分くらい煮て、鍋を軽くゆすって汁けをとばす。

いんげんの煮びたし

いんげんがくったりとなるまで弱火でじっくり煮ます。ある程度多めに作るほうがうまくいきます。簡単なようでじつは難しく、奥深い料理です。

材料

いんげん――20本（200g）
A［昆布だし――カップ3/4（150mℓ）
　酒――カップ1/4（50mℓ）
　みりん――大さじ2
しょうゆ――小さじ1
塩――少々
油――小さじ1/2

作り方

1 いんげんはヘタを取り、4cmくらいに切る。

2 鍋に油を熱し、1のいんげんを入れて炒める。油が全体にまわったら、Aを加えて弱火で5分ほど煮込み、しょうゆと塩を加えて、さらに煮汁がほとんどなくなるまで煮詰める。

3 煮汁がほとんどなくなったら火を止め、焦げないようにしばらく鍋をゆする。そのまま30分くらいおき、味をなじませる。

ふろふきだいこん

材料

だいこん —— 約½本（600g）
A ┌昆布だし　カップ1¼（250㎖）
　│酒 —— 大さじ4⅔（70㎖）
　└みりん —— 大さじ2
薄口しょうゆ —— 小さじ2
みそだれ
┌豆みそ —— 大さじ1
│酒 —— 大さじ2
│みりん —— 大さじ1⅓（20㎖）
│砂糖、しょうゆ —— 各小さじ2
└一味唐辛子 —— 少々
塩 —— 少々

作り方

1 だいこんを幅3〜5㎝の輪切りにし、深さ1㎝ほどの十字の切り込みを入れる。

2 **1**を鍋に入れ、米のとぎ汁カップ3（材料表外）で竹串がかために通るまで15分くらい下ゆでする。

3 だいこんをぬるま湯で軽くすすぎ、鍋をきれいにしてだいこんと**A**を入れ、弱火で5分ほど煮る。

＊昆布だしのかわりに、水カップ1¼（250㎖）に昆布5㎝を直接入れて煮てもよい。

4 **3**に薄口しょうゆと塩を加え、さらに弱火にして15〜20分煮る。火を止めて、そのまま15分ほどおいて味をしみさせる。

5 みそだれの材料を小鍋に入れて混ぜ合わせ、弱火で2分ほど練りあげる。

6 **4**を器に盛り、**5**をかけ、柚子の皮と貝割れだいこん（ともに材料表外）をのせる。

やわらかく煮ただいこんが、口の中でとろけます。みそだれの風味が強いため、だいこんの味は薄めに。

わらびの信田巻《しのだまき》

材料

わらび（水煮）——60g
木綿豆腐——2/3丁（200g）
油揚げ——2枚（40g）
かんぴょう——1m

A
昆布だし——カップ3/4（150mℓ）
酒——大さじ2
みりん——大さじ1 1/3（20mℓ）
砂糖——小さじ1

しょうゆ——小さじ2
片栗粉——小さじ2
塩——少々

作り方

1 木綿豆腐をふきんかクッキングペーパーで包み、重しをのせて水けをきり、手でよくつぶしてから裏ごしする。塩、片栗粉を加えてよく混ぜる。
2 わらびを軽く塩ゆでする。
3 かんぴょうをぬるま湯につけて戻す。
4 油揚げの3辺に包丁を入れ、縦長に開く。
5 **4**の端のほうに**1**を適量のばしてのせ、中心に**2**のわらびを、油揚げの幅に合わせて長さを整えてのせる。
6 **5**を巻き、一周半くらいで油揚げを切る。巻き終わりに結び目がくるようにして、かんぴょうを結ぶ。
*油揚げやわらび、かんぴょうの切れ端も巻き込んで、無駄を出さないようにする。
7 鍋に**6**と**A**を入れ、弱火で5分ほど煮て、しょうゆを加え、さらに5分ほど煮る。

油揚げと豆腐で具を巻いた料理を信田巻と呼びます。わらび以外にアスパラガスやかぶの茎、ごぼうなどもよく合います。

だいこんと油揚げの炒め煮

材料

だいこん——1/5本（300g）
にんじん——1/4本（50g）
油揚げ——2枚（40g）
干ししいたけ（だしがら）——3枚（30g）
A［しいたけだし——カップ1
酒——カップ1/4（50mℓ）
みりん——大さじ2
しょうゆ——小さじ2
油——小さじ1/2

作り方

1 だいこんとにんじんは皮をむき、拍子木切りにする。
2 油揚げを太めの短冊に切る。
3 干ししいたけを薄切りにする。
4 小鍋に油を熱し、**1**～**3**を入れて炒める。油が全体にまわったら**A**を加え、中火で煮る。3分ほどして油とアクが浮いてきたら取り除き、しょうゆを加えて弱火にし、さらに10分ほど煮る。
5 器に盛り、塩ゆでしただいこんの葉（材料表外）を細かく刻んで天盛りにする。

油がだいこんにしみて、こくのあるまろやかな味になります。あまり煮すぎず、だいこんの食感が少し残るくらいにして味をしみさせるとよいでしょう。

若竹煮

材料

たけのこ（穂先に近い部分／生または水煮）——2本分（200g）
生わかめ——30g
木の芽——適量

A
昆布だし——カップ$1\frac{1}{2}$
酒——カップ$\frac{1}{4}$（50㎖）
薄口しょうゆ——小さじ2
塩——少々

作り方

1 生のたけのこの場合はアク抜きしてから、くし型に切る。

2 小鍋に**1**と**A**を入れ、煮汁が半分くらいになるまで弱火で煮る。

3 生わかめを熱湯でサッとゆで、すぐに引き上げて水にさらして冷やす。太い茎の部分があれば取り除き、食べやすい大きさに切る。

4 **2**と**3**を器に盛り、**2**の煮汁を適量注ぐ。木の芽を手のひらでたたいて香りをだし、添える。

春の訪れを感じさせる一品です。濃いめにとった昆布だしを使い、香りよく炊きあげてください。煮汁を少々薄くし、多めに張って若竹汁にしてもよいでしょう。

精進八宝菜

材料

白菜の葉——2枚(150g)
にんじん——1/4本(50g)
ごぼう——細め1/3本(50g)
たけのこ(水煮)——100g
干ししいたけ(だしがら)——3枚(30g)
ゆでぎんなん——適量
絹さや——7枚(20g)
厚揚げ——1枚弱(100g)

A
しいたけだし——カップ9/10(180mℓ)
酒——カップ1/4(50mℓ)
みりん——大さじ2
しょうゆ——小さじ2

片栗粉——小さじ1
＊大さじ2の水で溶く。
油——小さじ2

作り方

1 白菜は食べやすい大きさに切る。芯に近いほうは厚いので、そぎ切りにする。
2 にんじんは皮をむき、半月切りにする。
＊太い場合はいちょう切りにする。
3 ごぼうは薄い斜め切りにする。
＊太い場合は縦半分にしてから斜め切りにする。
4 干ししいたけは、いちょう切りにする。
5 たけのこは、食べやすい大きさに切る。
6 厚揚げは食べやすい大きさに薄く切る。
7 絹さやはスジとヘタを取り、塩ゆでして水にさらし、ざるにあげる。
8 大きめの鍋に油を熱し、まず**1**～**4**を炒める。油がまわり、白菜の表面が透明になってきたら**5**と**6**、ぎんなんを加える。ざっとひと混ぜして、油がなじんだら**A**を加え、具がしんなりするまで炒め煮にする。
9 煮汁が沸騰し、全体に火が通ったら**7**を入れてサッと混ぜ、水溶き片栗粉を少しずつ加えながら混ぜ合わせて、全体にとろみをつける。

たくさんの野菜の味がしみ出て、深い味わいです。レシピ通りの材料を無理に揃えることなく、残っている野菜をうまく利用しましょう。

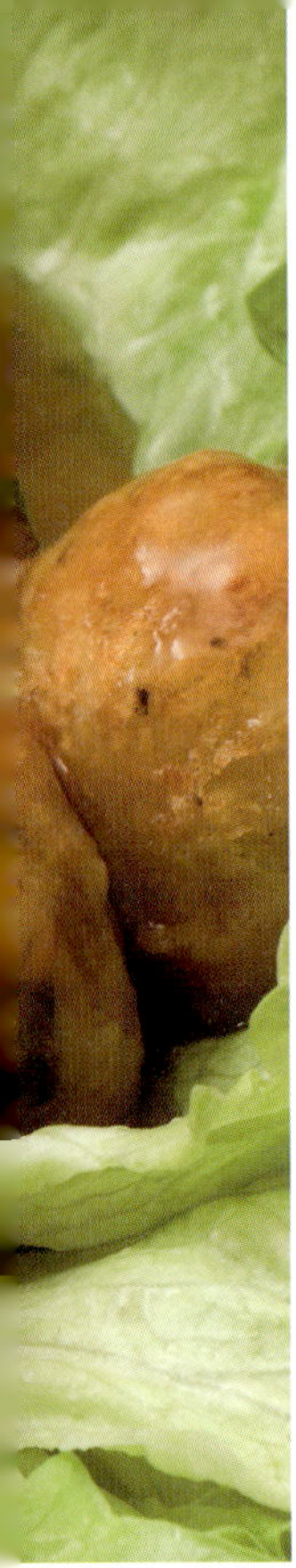

精進ミートボール

材料（15個分）

じゃがいも——2個（300g）
さといも——2個（100g）
くわい——3個（100g）
ごぼう——細め1/5本（30g）
にんじん——1/6本（30g）
こんにゃく——1/7枚（30g）
干ししいたけ（だしがら）——2枚（20g）
レタス——4、5枚（100g）
しょうが——1かけ（50g）

A
酒——大さじ3
砂糖——小さじ1
しょうゆ——大さじ1

B
しいたけだし——カップ3/4（150mℓ）
酒——カップ1/4（50mℓ）
みりん——大さじ2
砂糖——小さじ2
しょうゆ——大さじ1 1/3（20mℓ）

片栗粉——小さじ1
＊大さじ2の水で溶く。
こしょう——少々
油——小さじ1/2
揚げ油——適量

作り方

1 じゃがいもは皮をむき、水に5分ほどさらし、ひとくち大に切る。さといもも皮をむき、ひとくち大に切る。
2 くわいは皮をむき、5㎜くらいのみじん切りにする。
3 **1**と**2**を別々の鍋で水から煮て、串がスッと通るくらいになったらゆでこぼし、同じボウルに移して熱いうちにマッシャーでつぶす。
4 ごぼう、にんじん、こんにゃく、干ししいたけをさいの目切りにする。
5 しょうがは皮をむいてすりおろす。
6 フライパンに油を熱し、**4**を炒める。油が全体にまわったら**A**を加え、煮汁がほぼなくなるまで煮詰める。
7 **6**の煮汁をきり、**5**とともに**3**に加え、こしょうをふってよく混ぜる。

8 鍋に**B**を入れて沸騰させ、1分ほど煮立てる。水溶き片栗粉を少しずつ加え混ぜてとろみをつけ、たれを作る。
9 **7**をピンポン球くらいに丸め、ボウルに入れた小麦粉（材料表外）を薄くまぶす。
10 170℃に熱した油でじっくりと揚げる。濃いきつね色になったら油からあげて1分ほどおき、**8**の鍋に入れて軽く加熱し、たれをからめる。
11 レタスを大きめにちぎり、水にさらして水けをふきとり、器に敷く。上に**10**を盛る。

味だけでなく食感までそっくりなもどき料理です。くわいがない場合は、温かいご飯大さじ2くらいをよくつぶして混ぜるとよいでしょう。

精進ロール白菜

材料（4個分）

白菜の葉――大4枚（400g）
木綿豆腐――1丁（300g）
A
にんじん、グリーンピース、ぎんなん、ひじきなど――合わせて60g
*にんじんとひじきは食べやすい大きさに切り、すべて火を通しておく。
B
しいたけだし――カップ2
酒――カップ½
みりん――大さじ1⅔（25㎖）
薄口しょうゆ――大さじ1
塩――少々
片栗粉――小さじ2
塩――適量

作り方

1 木綿豆腐をふきんかクッキングペーパーなどで包み、15分ほど重しをのせて水けをきる。
*豆腐を固めるため。このプロセスははぶいてもよいが、煮るときに火加減が強いと中身が飛び出すことがあるので、それを防ぐために電子レンジにかける。

2 **1**の豆腐を手でよく握りつぶし、裏ごしする。
*裏ごしすると、くちあたりがよくなる。

3 **2**に片栗粉、塩少々を加えてよく混ぜ、**A**も加え混ぜる。

4 白菜の葉を軽く塩ゆでし、厚い部分（白いところ）を少しそぐ。
*厚みがあると具を包みにくい。

5 **4**を広げて**3**をのせ、両端を内側に巻き込みながらくるくると巻く。
*包み終わりを楊枝でとめてもよい。

6 **5**を耐熱容器に入れ、ラップを軽くかけて電子レンジで1、2分通電する。

7 **6**を鍋に入れ、**B**を注いで10～15分弱火で煮込み、火を止めて味をしみさせる。器にロール白菜を盛り、汁を注ぐ。

◆トマト味の汁もおすすめ！
鍋に**7**の煮汁をカップ¼（50㎖）～½（100㎖）入れ、トマトジュースカップ2（煮汁の量でトマトスープの濃さを好みに調整する）、酒カップ¼（50㎖）、しょうゆ小さじ1、塩とこしょう各少々を加え、弱火で5分ほど煮る。
*写真はトマト味。

精進料理の主菜として最適なこの料理、うまみが豆腐にしみ込んでジューシーなおいしさです。キャベツが旬の季節はロールキャベツにするとよいでしょう。

あえる

個性が違ういくつかの食材を
うまく組み合わせることで味わいが増し、
新しい風味を作りだすことができる
魅力的な調理法です。
ご家庭では野菜くずや皮などもうまく混ぜて
無駄がないように工夫してください。

かぶと柿のなます

材料

かぶ――大2個（200g）
かぶの葉――1個分（20g）
柿（よく熟したもの）――1個（200g）
生しいたけ――2枚（40g）
A
　しいたけだし、酒、みりん――各大さじ2
　薄口しょうゆ――小さじ1
純米酢――大さじ2

作り方

1 かぶの皮をむいて半分に切り、さらに厚さ5㎜に切る。かために塩ゆでしてざるにあげ、そのまま冷ます。
2 かぶの葉は食べやすい長さに切り、塩ゆでして水にさらし、そのまま冷ます。
3 柿の皮をむき、種があれば取り除いて、かぶと同形に切る。
4 生しいたけは石づきを取り除き、縦4～6等分に切り、塩ゆでしてそのまま冷ます。
5 **A**を小鍋でひと煮立ちさせ、冷めたら純米酢を加えてよく混ぜ、**1**～**4**を入れてあえる。

かぶと柿の甘みが甘酢とよく合います。かぶのゆで加減を、柿と同じくらいのかたさにするのがコツです。

うどとみつばのピーナッツ和合《あえ》

材料

うど――大10cm（100g）
みつば――1束（20g）
ピーナッツ――25g
A
昆布だし――大さじ2
酒――大さじ1
みりん――小さじ2
しょうゆ――小さじ½
酒――小さじ2
塩――ごく少々
油――小さじ½

作り方

1 うどは、皮をかつらむきしてから短冊切りにする。皮は（あれば穂先も）細切りにする。

2 それぞれ別のボウルに入れ、水を注いで片栗粉を小さじ1ずつ（材料表外）入れてよく混ぜ、そのままつけておく。

＊5分くらいするとアクが抜けて水が濁るので、水を替えてまた片栗粉を入れてつけておく。これを1、2回くり返す。

3 みつばを食べやすい長さに切る。

4 ピーナッツを包丁でたたいて細かくし、フードプロセッサーに入れ、粉状になるまで通電する。

5 小鍋に**A**をひと煮立ちさせて**4**に加え、再びフードプロセッサーを通電してよく混ぜ、あえしろを作る。

6 **2**のうどの皮（あれば穂先も）の水けをよくきり、フライパンに油を熱して炒める。油がいきわたったら酒と塩を加えて炒め煮にし、皮がやわらかくなったら火を止める。

7 水けをきった**2**の短冊切りのうど、**3**、**6**を**5**であえる。

さっぱりした風味とシャキシャキした食感が持ち味のうど。ピーナッツの深いコクとよく合います。うどは皮や穂先も細く切って炒め、無駄にしないで使い切りましょう。

春菊とまいたけの辛子じょうゆ和《あ》合《え》

まいたけのプリプリした食感と春菊の独特の風味を、ツーンと鼻に効く辛子じょうゆがまとめあげます。春菊の葉をゆですぎないのがコツです。

材料

春菊 —— 1/3束（100g）
まいたけ —— 1/2パック（100g）
油揚げ —— 1/2枚（10g）
A
しいたけだし —— 大さじ2
酒 —— 大さじ1
みりん —— 小さじ2
薄口しょうゆ —— 小さじ1
練り辛子 —— 少々
塩 —— 少々

作り方

1 春菊の葉のほうは4cmくらいに切り、軸は斜め切りにする。塩ゆでし、水にとって冷まし、水けをきる。

＊軸のほうから塩ゆでし、ひと呼吸おいて葉のほうも入れてサッとゆでる。

2 まいたけは石づきを取り除いてほぐし、塩ゆでしてざるにあげ、そのまま冷ます。

3 油揚げをフライパンか網で焼き、細切りにする。

4 Aをひと煮立ちさせ、練り辛子、塩を加えてすり鉢でよくすり、1〜3を入れてあえる。

「和《わ》合《ごう》の心　〝あえる〟極意」

永平寺や總持《そうじ》寺などの大きな修行道場には、毎年数百人もの雲水《うんすい》（修行僧）が禅の道を志して集まってきます。すでに他の寺で何年も修行した者もいれば、まったくの初学者もいます。温和な人、豪快な人、お経や筆が上手な人、体力に自信がある人など、さまざまな個性をもった禅僧が一つ屋根の下で修行生活をともにするのです。

そこで最も大切なのは、「和合僧《わごうそう》」という教えです。修行僧の心が一つにまとまったやすらかな状態を指します。それぞれが好き勝手に振る舞い、自己主張したのでは、寺がバラバラになってしまいます。個性的な各人が、お釈迦さまの教えのもとに一つにまとまることが重要なのです。

また、自分一人だけの修行には限界があります。しかし、尊いご縁によって、すばらしき仲間たちとともに修行できる幸せに感謝し、お互いに慈しみ合い、助け合い、切磋琢磨することによって、個人の限界を超えた力が発揮されます。これを「大衆《だいしゅ》の威神力《いじんりき》」と呼びます。

これにちなんで、永平寺で精進料理を学んだ典座老師にならい、私は「あえもの」を「和合物」と記します。

たとえば春の山菜、たらの芽やこごみ。そのままではちょっと苦みが強い個性的な食材ですが、くるみやごまなどの少し甘みを効かせたあえしろや、彩りや食感を考えた何種類かの食材と「和合《あえ》る」ことによって、その持ち味が何倍にも引き出され、おいしくなるのです。

修行僧も、食材も、大切なのは「和合」の心。せっかくの個性を無理に押さえ込んで打ち消してしまったり、互いにいがみ合ったりするのではなく、それぞれの持ち味をお互いが生かし、引き立たせるように調える、これが精進料理の「和合物《あえもの》」の極意なのです。

白和合《あえ》三種

おなじ白和合（あえ）でも、豆腐のつぶし具合によって食感と風味が変わります。あえる具によって、あえしろの量やなめらかさをいろいろ変えてみるとおもしろいでしょう。

アスパラガスの白和合《あえ》

材料と作り方

1 アスパラガス5本（100g）を塩ゆでし、穂先は4㎝くらいに切り、茎は斜め切りにする。太い場合はさらに縦半分に切る。

2 木綿豆腐1/6丁（50g）をふきんで包み、重しをのせて水けをきる。

3 すり鉢に軽く煎った白すりごま小さじ2を入れ、油が出るまでよくすり、**2**をつぶして加える。

4 小鍋に昆布だし大さじ1 1/3（20㎖）、酒大さじ1、みりん小さじ2、薄口しょうゆ小さじ1/2、塩少々を入れ、ひと煮立ちさせて**3**に加え、すり鉢でよくすってあえしろを作る。**1**を入れてあえる。

＊豆腐は、手でつぶしてからすると、粗い仕あがりで素朴なくちあたりの田舎風白和合（あえ）になる。裏ごしすれば、なめらかな仕あがりになる。

山菜とクルミの白和合《あえ》

材料と作り方

1 菜の花4本（50g）を塩ゆでし、食べやすい長さに切る。

2 たらの芽2本（30g）のはかまを取り除き、根の部分に十字の切り込みを入れて塩ゆでする。

3 ふきのとう4個（50g）を塩ゆでする。大きい場合は縦半分に切る。

4 木綿豆腐1/6丁（50g）をふきんで包み、重しをのせて水けをきる。

5 くるみ40gを包丁で細かく刻み、すり鉢で油が出るまでよくすり、**4**を裏ごしして加える。

6 小鍋に昆布だし大さじ2、酒大さじ1、みりん大さじ1 1/3（20㎖）、薄口しょうゆ小さじ1/2を入れ、ひと煮立ちさせて**5**に加え、すり鉢でよくすってあえしろを作る。**1**～**3**を入れてあえる。

柿の白和合《あえ》

材料と作り方

1 よく熟した柿大1個（250g）の皮をむき、種を取り、200g分をくし型に切る。

2 絹ごし豆腐約1/4丁（70g）をふきんで包み、重しをのせて水けをきる。

3 **1**で残した50g分の柿を包丁で細かく刻む。水でぬらしてしっかりとしぼったふきんで包み、手でよくもんでつぶす。

4 すり鉢に**3**を移してペースト状になるまですり、**2**を裏ごしして加える。

5 小鍋に昆布だし大さじ1 1/3（20㎖）、酒大さじ1、みりん小さじ2、薄口しょうゆ小さじ1/2を入れ、ひと煮立ちさせ、**4**に加えてすり鉢でよくすってあえしろを作る。**1**を入れてあえる。

＊すり鉢でなくフードプロセッサーで混ぜる場合は、豆腐の裏ごしは不要。

せりのおひたし

材料

せり――½束（100g）
にんじん――少々（10gくらい）
えのきたけ――¼袋（50g）
油揚げ――½枚（10g）

A
昆布だし――カップ½
酒――大さじ2
薄口しょうゆ――小さじ½
塩――少々

作り方

1 せりの根を取り除いて食べやすい長さに切り、塩少々（材料表外）をまぶして軽くもみ、そのまま5分ほどおいてしんなりさせる。

2 にんじんを細切りにし、えのきたけは石づきを取り除き、ほぐす。同じ鍋で塩ゆでし、ざるにあげてそのまま冷ます。

3 油揚げをフライパンか網で焼き、細切りにする。

4 **A**をひと煮立ちさせてそのまま冷まし、**1**〜**3**を入れてあえる。

生で食べてもおいしい、春を告げるせり。採りたてでアクが強い場合は塩もみでなく、さっと熱湯にくぐらせるとよいでしょう。

トマトのおろし酢和合《あえ》

まだ熟していないかためのトマトに向いた料理です。だいこんおろしは消化を助けるので、胃が疲れがちなときにもおすすめです。

材料

トマト――1個（150g）
だいこん――約8cm（150g）
貝割れだいこん――少々
純米酢――大さじ1 1/3（20㎖）
薄口しょうゆ――小さじ1/2

作り方

1 トマトはヘタの部分をくりぬき、沸騰した多めの湯に塩（材料表外）少々を加えてトマトを入れる。10秒ほどで皮がめくれたらすぐに引き上げ、冷水にとる。冷やしながら皮をむき、食べやすい大きさに切る。

2 だいこんをおろし、純米酢と薄口しょうゆを加えてよく混ぜる。

3 **2**で**1**をあえて器に盛り、貝割れだいこんをのせる。

こんにゃくと実山椒のマリネ

材料

生いもこんにゃく——1/3枚（100g）

＊生いもこんにゃくはこんにゃくいもを炭酸ソーダで固めたやわらかいこんにゃく。なければ普通のこんにゃくで。

青実山椒（水煮）——適量（約5g）

A
- バルサミコ酢（または穀物酢）——大さじ2
- 赤ワイン（または酒）——小さじ2
- 薄口しょうゆ——小さじ1
- オリーブオイル——小さじ2

みりん——小さじ2

薄口しょうゆ——小さじ1

油——大さじ1

ローカロリーで注目を集めているこんにゃく。生いもこんにゃくのプルプル、もっちりとした食感と、実山椒のインパクトあるスパイシーさがよく合います。

作り方

1 生いもこんにゃくを薄く切り、水けをよくふきとる。

2 フライパンに油を熱し、1と実山椒を炒め、油が全体にまわったらみりんと薄口しょうゆを加えて炒める。

3 ボウルにAを入れてよく混ぜ、2を加えてあえる。

オクラの納豆おろし和合《あえ》

からだによいとされるネバネバした食材。そのままではねっとりして食べにくい納豆も、だいこんおろしを加えるとサラサラ、さっぱりしたくちあたりになります。疲れたときにおすすめです。

材料

オクラ —— 3本（30g）
だいこん —— 約10㎝（200g）
納豆 —— 小2パック（100g）

作り方

1 オクラを塩ゆでし、水にさらして冷まし、輪切りにする。
2 だいこんの皮をむいておろし、塩少々（材料表外）を加える。
3 納豆に付属のタレ（またはしょうゆ小さじ1）と辛子を入れて混ぜる。
4 2と3を混ぜ合わせ、1を入れてあえる。

キャベツのごま酢びたし

材料

キャベツの葉——3枚（150g）
えのきたけ——1/4袋（50g）
にんじん——1/4本（50g）
油揚げ——1/2枚（10g）
白すりごま——大さじ3
A
酒——大さじ2
みりん——大さじ1
薄口しょうゆ——小さじ1/2
純米酢——大さじ2

作り方

1 キャベツの葉脈の厚い部分はそぎ、薄いそぎ切りにする。葉の部分は食べやすい大きさに切る。別々に塩ゆでし、水にさらしてざるにあげ、そのまま冷ます。

2 えのきたけは石づきを取り除き、ほぐす。にんじんは半月切りにする。同じ鍋で塩ゆでし、ざるにあげてそのまま冷ます。

3 油揚げをフライパンか網で焼き、細切りにする。

4 白すりごまをすり鉢に入れ、油が出ない程度に軽めにする。

5 小鍋で**A**をひと煮立ちさせ、**4**に加えてよくすり混ぜる。純米酢も加えて再びよくすり、**1**～**3**を入れてあえる。

キャベツは甘みと食感を生かすように、ゆですぎないのがコツです。あえしろはあまり濃いものではなく、ゆるめのごま酢がよく合います。

セロリの梅肉和《あ》合《え》

セロリの個性的な香りと梅肉の酸味が食欲をそそります。セロリの緑色と梅肉の赤が見た目にも鮮やかな一品。夏の副菜としておすすめです。

材料

セロリ——$\frac{1}{5}$本（50g）
きゅうり——$\frac{1}{2}$本（50g）
しめじ——$\frac{1}{5}$パック（50g）
油揚げ——$\frac{1}{2}$枚（10g）
梅干し——2個（80g）
A
昆布だし——大さじ1
酒——小さじ2
みりん——小さじ1

作り方

1 セロリときゅうりを食べやすい大きさに斜め切りか乱切りにし、塩少々（材料表外）をふって軽くもみ、しばらくおく。しんなりしたら軽くすすぎ、水けをきる。

2 しめじは石づきを取り除いて小房にほぐし、塩ゆでしてざるにあげ、そのまま冷ます。

3 油揚げをフライパンか網で焼き、細切りにする。

4 梅干しの種を取り除き、梅肉を包丁で叩いて細かくする。

5 小鍋で**A**をひと煮立ちさせ、**4**とともにすり鉢に入れてよくすりあげ、**1**〜**3**を入れてあえる。

菜の花の辛子みそ和《あ》合《え》

材料

菜の花——½束（100g）
しめじ——⅕パック（50g）
油揚げ——½枚（10g）
みそ（塩分の少ないもの）——大さじ2
A
昆布だし——大さじ1⅓（20㎖）
酒、みりん——各小さじ2
しょうゆ——小さじ½
砂糖——小さじ½
練り辛子——少々

作り方

1 菜の花は4㎝長さに切り、軸の太い部分はさらに斜め切りにする。かために塩ゆでし、水にさらしてざるにあげ、そのまま冷ます。

2 しめじは石づきを取り除き、塩ゆでしてざるにあげ、そのまま冷ます。

3 油揚げをフライパンか網で焼き、細切りにする。

4 小鍋に**A**を入れ、ひと煮立ちさせてすり鉢に入れる。みそを加え、よくすりあげる。砂糖と練り辛子も加えて再びよくすり、**1**～**3**を入れてあえる。

菜の花は風味を損なわないようにゆですぎに注意します。少々の苦みは、辛子みそのコクが抑えてくれます。

切り干しだいこんのごま和合《あえ》

材料

切り干しだいこん——20g
ほうれん草——3株(100g)
しめじ——1/5パック(50g)
にんじん——少々(10gくらい)
白すりごま——大さじ4

A
しいたけだし——カップ3/4(150mℓ)
酒——大さじ1
砂糖、薄口しょうゆ——各小さじ1/2

B
昆布だし——大さじ1
みりん——大さじ2
酒——大さじ2
しょうゆ——小さじ1

油——小さじ1

作り方

1 切り干しだいこんは多めのぬるま湯に20分ほどつけて戻し、長さ5cmくらいにザクザクと切る。

＊戻った状態で臭いがきつい場合は、ぬるま湯を取り替えてさらに少しつけてから軽くしぼる。

2 鍋に油を熱し、水けをきった**1**を炒める。油がいきわたったら**A**を加え、アクを取りながら5分くらい煮て、火を止めてさらに5分おき、味をしみ込ませる。

3 ほうれん草を塩ゆでして水にさらし、水けをしぼって3、4cmの長さに切り、ほぐす。

4 しめじは石づきを取り除き小房にほぐす。にんじんは細切りにし、しめじとともに塩ゆでしてざるにあげ、そのまま冷ます。

5 白すりごまをすり鉢に入れ、油が出るまですり、小鍋でひと煮立ちさせた**B**を加えてすりあげる。

6 **5**に**2**と水けをきった**3**、**4**を入れてあえる。

干すことにより、栄養素が何倍にも増える乾物。切り干しだいこんのポリポリした食感と、噛むほどにしみ出てくる深い禅味がたまりません。

こごみのくるみ和合《あえ》

クセがなく、アク抜きも不要なこごみはどんな料理にも使いやすい山菜です。そのままではあっさりしすぎているので、クルミで甘さとコクを補います。

材料

こごみ——7本（50g）
くるみ——30g
A
昆布だし——大さじ1
みりん——大さじ2
酒——大さじ2
薄口しょうゆ——小さじ½
塩——少々

作り方

1 こごみの根のかたい部分を取り除き、軽く塩ゆでし、水に5分ほどひたす。

2 くるみを包丁で細かく刻み、すり鉢に入れて油が出るまですり、小鍋でひと煮立ちさせた**A**を加えてすりあげる。

3 **2**に**1**を入れてあえる。

たたききゅうりの吉野酢がけ

くずや片栗粉などで酢にとろみをつけたものを「吉野酢」といいます。きゅうりのように味がしみにくい食材の場合は、とろみをつけたあんをからめて調味するとよいでしょう。

材料

きゅうり ―― 2本（200g）
しょうが ―― 1かけ（20g）
*すりおろす。
A
　昆布だし ―― 大さじ2
　みりん ―― 大さじ1
　薄口しょうゆ ―― 小さじ½
酢 ―― カップ¼（50mℓ）
穀物酢 ―― 大さじ5
片栗粉 ―― 小さじ1
*大さじ1⅓（20mℓ）の水で溶く。
塩 ―― 小さじ1

作り方

1 きゅうりに塩をまぶし、板ずりして5分おき、塩をなじませる。きゅうりがしんなりしたら水ですすぎ、両端を切って縦4等分に切り、さらに長さ5cmくらいに切る。

2 **1**をまな板に並べ、すりこぎ棒でまんべんなくたたいて繊維をつぶし、酢に5分ほどひたしておく。

3 小鍋に**A**を入れてひと煮立ちさせ、火を止めて穀物酢を加える。

4 **3**を沸騰させ、水溶き片栗粉を少しずつ入れてとろみをつける。

5 **2**の汁けをきって器に盛り、**4**をかけ、おろししょうがをのせる。

マカロニときゅうりの白酢和合《あえ》

材料

マカロニ――20g
きゅうり――½本（50g）
ヤングコーン（水煮または缶詰）――5本（50g）
プチトマト――6個（50g）
アボカド――½個（正味100g）
木綿豆腐――⅓丁（100g）
白すりごま――大さじ3
純米酢――大さじ2
塩――少々
オリーブオイル――小さじ½

作り方

1 木綿豆腐はふきんかクッキングペーパーで三重に包み、重しをして水けをきる。
2 きゅうりに塩（材料表外）をふって板ずりし、塩がなじんだらサッと洗い、マカロニの長さに合わせて短冊切りにする。
3 ヤングコーンを縦半分、長さ半分に切り、塩ゆでして汁につけたまま冷ます。
4 プチトマトのヘタを取り除き、半分に切る。
5 アボカドの種を取り除き、皮をはずして食べやすい大きさに切る。
6 マカロニを塩ゆでしてボウルに入れ、熱いうちにオリーブオイルをまぶしてよく混ぜる。
7 白すりごまをすり鉢に入れて油が出るまですりあげ、**1**の豆腐を手でつぶして加える。よく混ぜ合わせ、純米酢と塩も加えて再びよくすり、**2**～**6**を入れてあえる。

味の濃い料理の副菜として定番のマカロニサラダ。精進料理では、卵を用いるマヨネーズの代わりに豆腐と酢を使います。足が早いので、早めに食べきるようにしましょう。

さといもの田舎みそ和《あ》合《え》

さといもの素朴な風味が田舎みそとよく合い、故郷を思い出させ、風情を感じます。**3**で残った煮汁にみそと砂糖を加えてみそだれを多めに作り、冷蔵庫に保存しておくと便利です。

材料

さといも――5個（250g）
しいたけだし――カップ3/4（150㎖）
A
- 酒――大さじ2
- みりん――大さじ1
- 砂糖――小さじ1

しょうゆ――小さじ2
みそ（塩分の少ないもの）――大さじ1
砂糖――小さじ1

作り方

1 さといもは皮をむき、ひとくち大に切って面取りし、水につけておく。

2 米のとぎ汁カップ1（または、水カップ1に米ぬか大さじ1強）で**1**をかためにゆでてゆでこぼし、湯で軽くすすいでぬめりを取る。
*吹きこぼれやすいので注意。

3 鍋に**2**と**A**を入れ、中火で5分ほど煮てしょうゆを加え、さらに5分ほど煮る。火を止めてそのまま煮汁につけて味をしみ込ませる。

4 別の小鍋に**3**の煮汁大さじ3をとり、みそと砂糖を加えて弱火で1、2分練りあげ、汁けをきった**3**を入れてあえる。

たけのこの酒粕和合《あえ》

収穫から時間が経ち、アクが強くなってしまったたけのこや、かたい根の部分に向く料理です。わらびやこごみ、たらの芽などの山菜にも酒粕はよく合います。

材料

たけのこ（生または水煮）――200g
木の芽――少々
A
- 昆布だし――カップ1½
- しょうゆ――大さじ1
- 酒――カップ¼（50㎖）
- みりん――大さじ2
- 砂糖――小さじ1

酒粕――60g

作り方

1 生のたけのこの場合はアク抜きしてから、くし形（根に近いかたい部分はひとくち大）に切る。

2 鍋に**1**と**A**を入れ、15分ほど煮て火を止め、そのままおいて味をしみ込ませる。

3 酒粕を耐熱容器に入れ、ラップをして電子レンジで1分ほど通電する。

4 **3**をすり鉢に移し、**2**の煮汁カップ¼（50㎖）を加えて酒粕が熱いうちによくすり混ぜる。

＊酒粕の種類によって味や濃さが違うので、あえる量や煮汁の量を調整する。

5 汁けをきった**2**を**4**であえて器に盛り、木の芽を手でたたいて香りをだし、添える。

長いものとんぶり和《あ》合《え》

ほうき草の実の種、とんぶりは「畑のキャビア」ともいわれ、精がつく素材として漢方でも用いられます。独特のプリプリした食感が特徴です。

材料

長いも——1/5本（200g）
とんぶり——カップ1/4（50mℓ）
みりん——大さじ2
純米酢——カップ1/5（40mℓ）
塩——少々

作り方

1 長いもを4、5cm長さの割り箸くらいの太さに切り、酢水（材料表外）につけて軽くもみ、5分ほどおいて水を取り替える。これを2回繰り返してぬめりをある程度取る。

2 小鍋にみりんを入れ、沸騰させてアルコール分をとばし、1分ほどおいて、塩と純米酢を加える。

3 ボウルにとんぶりと水けをきった**1**を入れ、**2**であえてそのまま3分ほどおき、味をなじませる。

「精進料理に用いる食材の制限」

禅院に立つ「不許葷酒入山門」（葷酒《くんしゅ》山門に入《い》るを許さず）と刻まれた石柱は、お酒や「葷《くん》」をお寺に持ち込んではいけないことを示しています。

「葷」とは『梵網経《ぼんもうきょう》』には「大蒜、革葱、慈葱、蘭葱、興蕖」と記されています。なにしろ異国の古い言葉なので、なにを指すか正確にはわからないのですが、おそらく「にんにく、にら、ねぎまたはわけぎ、行者《ぎょうじゃ》にんにくまたはあさつきあるいはのびる、あぎ（せりの一種）」ではないかと推測されています。また他の経典にも、食材の制限に関する記述がいくつか見られます。

それらの教えに従い、精進料理では肉や魚などの動物性食材をはじめ、においの強い野菜などは使用しませんが、実際には宗派や寺ごとの解釈によってその運用はさまざまです。

永平寺や總持寺《そうじじ》など曹洞宗の修行道場では、典座和尚によって判断の違いはありますが肉・魚・貝類・卵・牛乳・ゼラチン・ねぎ・にら・たまねぎ・にんにく・あさつきなどは用いず、しょうが・みょうが・わさび・山椒・豆乳・寒天・アガー（海藻から作るゼリーのもと）は用います。本書ではこの基準に基づいて食材を制限しています。

限られた食材で、よりおいしく調理しようと工夫する姿勢は精進料理の醍醐味です。しかしその反面、こうした表面的な制限に偏執することなく本質を重んじるのが禅の思想です。じつは、修行道場でベジタブルカレーを作ることがあります。お供えした野菜のおさがりを調理する際、季節によっては野菜がすぐに傷んでしまいますが、味と香りの濃いカレーなら、古い野菜でもうまく利用できるのです。厳密に言えば、カレールーの中に動物性の脂やスパイスなどが含まれるため規定に反します。しかし、傷んだ野菜を無駄にするほうが食を敬い尊ぶという本質に反するのです。

野菜や海藻にも尊いいのちが宿っています。たんに食材を動物性・植物性と区別するのではなく、どんな食材でも等しくそのいのちに感謝していただくことが大切ではないでしょうか。

炒める

焦げることをおそれずに強火で鍋をふり、空気を混ぜるようにして余分な水分をとばすのが、炒めもののコツです。素材の食感や色を損なわないよう、火が通りにくい材料から順に炒めるとおいしくできあがります。

ししとうのしょうが炒め

材料

ししとう——10本（50g）
みょうが——2本（50g）
しょうが——1かけ（30g）
A ［みりん——大さじ1 1/3（20mℓ）
酒——大さじ2
薄口しょうゆ——小さじ1］
塩——少々
油——小さじ1

作り方

1 ししとうのヘタを取り、空気抜きのために1〜2cm長さの切り込みを入れる。
2 みょうがの根元を取り除き、縦半分に切り、さらに薄切りにして水にさらす。
3 しょうがの皮をむいてすりおろす。
4 フライパンに油を熱し、**1**と塩を入れて炒め、油がまわったら**A**と**3**を加えて炒める。火を止める10秒くらい前に**2**を加えてひと炒めする。

添えものとして扱われがちなししとうですが、上手に調理すれば立派な主菜に仕あがります。まれに辛いものが混ざっているので注意してください。

卯《う》の花《はな》炒め

材料

おから——100g
干ししいたけ（だしがら）——2枚（20g）
にんじん——少々（10gくらい）
いんげん——2本（15g）
油揚げ——½枚（10g）
コーン（生またはホールコーン缶詰）——20g

A
しいたけだし——カップ½
酒——大さじ2
みりん——大さじ1
砂糖——小さじ1
しょうゆ——小さじ2

油——大さじ1

作り方

1 干ししいたけとにんじんを細かく切る。
2 いんげんを斜め薄切りにする。
3 油揚げは縦半分に切り、さらに細切りにする。
4 小鍋に**1**と**A**を入れ、下煮する。
5 おからをフライパンでから煎りし、水分がとんでカラカラになったらいったんボウルに移す。
6 フライパンをきれいにして油を熱し、**2**と煮汁をきった**4**、コーンを入れて炒める。油がまわったら**5**を戻し入れて炒め混ぜ、**3**と、**4**の煮汁も加えてよく炒める。味がなじんだら火を止める。

豆腐のしぼりかす、おからは栄養豊富で食物繊維を多く含み、胃腸にやさしい食材です。多めに作って小分けにし、冷凍しておくと便利です。

きんぴら三種

しらたきのきんぴら

材料と作り方

1 しらたき100gを食べやすい長さに切り、熱湯で1分くらい下ゆでする。

2 ピーマン1個（30g）の種を取って細切りにする。にんじん適量（20gくらい）を細切りにする。きくらげ3gをぬるま湯で戻し、細切りにする。

3 鍋に油小さじ1を熱し、**1**と**2**、スイートコーン（ホールコーン缶詰）20gを炒め、途中、酒大さじ2、薄口しょうゆ小さじ2、塩、こしょう各少々を加えて味を調える。

れんこんのきんぴら

材料と作り方

1 中くらいの大きさのれんこん1節（150g）の皮をむき、縦半分に切って薄切りにし、酢ごく少々を入れた多めの水に10分ほどつけておく。

2 にんじん1/6本（30g）をいちょう切りにする。

3 鍋に油小さじ2を熱し、水けをきった**1**と**2**を入れて炒め、途中、みりん大さじ1、砂糖小さじ1、しょうゆ小さじ2を加えて味を調え、最後にゆでたグリーンピース大さじ1を加え、一味唐辛子少々をふる。

きんぴらごぼう

材料と作り方

1 ごぼう1/3本（100g）をよく洗って細切りにし、酢ごく少々を入れた水に10分ほどつけておく。

2 にんじん1/6本（30g）を細切りにする。

3 鍋に油大さじ1を熱し、水けをきった**1**と**2**を入れて炒め、途中、酒小さじ2、みりん大さじ1、砂糖小さじ1、しょうゆ小さじ2、一味唐辛子少々を加えて味を調え、最後に白ごま少々をふる。

甘辛く味つけするきんぴらは和食の定番料理です。具の食感を損なわないようにサッと炒めるのがコツです。

精進マーボーなす

材料

木綿豆腐――⅔丁(200g)
なす――2本(150g)
セロリ――約10cm(20g)
しょうが――1かけ(20g)

A
トマトジュース――カップ½
しいたけだし――カップ¾(150㎖)
酒――大さじ2
みりん――大さじ1
しょうゆ――小さじ2

しょうゆ――小さじ2
片栗粉――小さじ2
*大さじ2の水で溶く。
揚げ油――適量

作り方

1 木綿豆腐の150g分をさいの目切りにする。

2 残りの50gをふきんかペーパータオルで包んで重しをのせ、水きりをする。手でよくつぶし、フライパンでから煎りして、ある程度水分がとんだらしょうゆを加え、ひき肉のような粒状になるまで炒める。

3 なすのヘタを取り、縦4等分に切る。さらに長さ半分に斜め切りし、水に5分ほどつけておく。

4 セロリを小口切りにする。

5 しょうがの皮をむき、すりおろす。

6 **3**のなすの水けをよくきり、180℃の油でサッと素揚げする。

7 小鍋に**A**と**5**を入れ、火にかけてよく混ぜ、**1**、**2**、**4**、**6**を加える。再沸騰したら水溶き片栗粉を少しずつ加えながら混ぜ、全体にとろみをつける。

*Aと5を入れるときに、好みで輪切り唐辛子適量を加える。

豆腐のから煎りの粒がひき肉のような食感です。あまり辛くしないよう、香辛料の色合いはトマトジュースでだしています。

スナップえんどうとしめじの油炒め

絹さやより肉厚のスナップえんどうは、油で炒めると甘みとコクが楽しめます。写真のにんじんは型抜きをしたもの。中国料理風の盛りつけが食卓を彩ります。

材料

スナップえんどう――30本（300g）
しめじ――1/5パック（50g）
にんじん――1/6本（30g）
しょうが――1かけ（30g）
酒――カップ1/4（50㎖）
薄口しょうゆ――大さじ1
輪切り唐辛子――少々
塩――少々
油――小さじ1

作り方

1 スナップえんどうのヘタとスジを取り除き、塩ゆでしてざるにあげ、水けをきる。

2 しめじは石づきを取り除き、ほぐす。にんじんは厚めの短冊切り、または飾り切りにする。

3 しょうがの皮をむき、すりおろす。

4 フライパンに油を熱して、**1**と塩を入れて炒める。油がまわったら**2**を加え、さらに1分くらい炒めて酒、薄口しょうゆ、**3**、輪切り唐辛子を加え、野菜に火が通るまで炒める。

カミナリこんにゃく

こんにゃくをから煎りするときの音が雷のように激しく、また唐辛子の辛さがピリッとくるため、禅寺では古来カミナリこんにゃくと呼んでいます。

材料

こんにゃく——1枚（200g）
ピーマン——1個（30g）
赤唐辛子——少々
A
酒——大さじ2
砂糖——小さじ½
しょうゆ——小さじ1

作り方

1 こんにゃくをスプーンでひとくち大にちぎる。

＊包丁で切ってもよいが、ちぎったほうが断面が広くなり、味がしみやすく、くちあたりもよい。

2 ピーマンの種を取り、食べやすい大きさに切って塩少々（材料表外）をふり、塩もみし、そのまま5分ほどおいてしんなりさせる。

＊ピーマンの香りが苦手な人はそのあと軽く水で洗う。

3 1を3分ほど塩ゆでしてざるにあげ、熱いうちにフライパンまたは鍋で1分ほどから煎りする。

4 3にAを加えて炒める。

5 4に2を入れ、サッと炒めて器に盛り、赤唐辛子のせん切り、または輪切りを散らす。

ゴーヤーのみそ炒め

材料

ゴーヤー──1/3本（100g）
パプリカ（赤、黄）──小各1/4個（各30g）
厚揚げ──1枚弱（100g）
A
豆みそ、砂糖──各小さじ2
酒──大さじ2
みりん──大さじ1 1/3（20mℓ）
しょうゆ──小さじ1
一味唐辛子──少々
酒──大さじ1
薄口しょうゆ──小さじ1
塩──少々
油──小さじ2

作り方

1 ゴーヤーを縦に半分に切ってスプーンで種とワタを取り、長さ4cmくらいの短冊に切る。
2 パプリカの種を取って細切りにする。
3 厚揚げを食べやすい大きさに切る。
4 小鍋にAを入れて混ぜ合わせ、弱火で1分くらい練りあげる。
5 フライパンに油を熱し、1と塩を入れて2分ほど炒め、油がなじんだら3を加えてさら1分くらい炒める。
6 5に酒と薄口しょうゆを加えて1分くらい炒め、4も加えてさらに30秒くらい炒める。火を止め、2を加え混ぜ、余熱で火を通す。

苦みが特徴の沖縄野菜、ゴーヤーはビタミンCたっぷりで栄養豊富。甘みそのコクが苦みを抑え、まろやかな風味に仕あがります。

揚げる

揚げものは油の温度をなるべく一定に保つのがコツ。温度が上がりすぎないようにこまめに火力を調整し、また食材を油に入れたときに温度が下がらないよう、十分な量の油で揚げます。粉類や衣は揚げる直前につけるとサックリと揚がります。

れんこん餅

材料

れんこん —— 2節（250g）
焼きのり —— 適量
A
昆布だし —— カップ1/4（50mℓ）
酒 —— 大さじ1 1/3（20mℓ）
みりん —— 大さじ2
砂糖、しょうゆ —— 各小さじ1
穀物酢 —— 大さじ3
片栗粉 —— 大さじ1
＊小さじ1は大さじ1 1/3（20mℓ）の水で溶く。
揚げ油 —— 適量

作り方

1 れんこんの皮をむき、酢少々（材料表外）を入れた水に5分ほどつけ、アク抜きをする。水けをよくきり、すりおろす。
＊汁けが多い場合は軽くしぼる。

2 **1**に片栗粉小さじ2と塩少々（材料表外）を加えてよく混ぜ、俵型に整える。

3 油を170℃に熱し、**2**の表面がきつね色になるまで3分ほど素揚げする。

4 鍋で**A**を軽く沸騰させ、穀物酢を加え、水溶き片栗粉を少しずつ加えながらとろみをつける。

5 **3**に焼きのりを巻いて器に盛り、**4**をからめる。
＊練り辛子少々を添えてもおいしい。
＊好みで貝割れだいこんを添える。

れんこんのもっちり、ほくほくした食感が十分に楽しめる贅沢な料理です。中まで火が通るように、低めの温度で長く揚げてください。

くわいの素揚げ

芽が長いため、めでたい縁起物として正月料理にも使われるくわい。独特の風味ともっちりとした食感が特徴です。芽が取れてしまわないように注意して皮をむきます。

材料

くわい――6個(180g)
塩――少々
揚げ油――適量

作り方

1 くわい6個の皮をむく。芽の部分はほどよい長さに切る。実の底は座りがよくなるように平らに切り、長さ5㎜~1㎝に十字の切り込みを入れ、5分ほど水につけておく。

2 水けをよくきった**1**を160℃に熱した油で3~5分、中まで火が通るようにじっくりと揚げる。油からあげたら熱いうちに塩をまぶす。

納豆の養老磯辺揚げ

「養老」は、大和いもや長いもを用いた料理の通称です。栄養たっぷりの組み合わせをひとくちで味わいます。揚げたての熱いうちにどうぞ。

材料

納豆——小2パック（100g）
大和いも——150g
焼きのり——適量
塩——少々
揚げ油——適量

作り方

1 大和いもの皮をむき、すりおろす。
2 納豆と塩を**1**に加え、よく混ぜる。
3 **2**をお玉やれんげで適量すくい、170℃に熱した油で揚げ、のりを巻く。

れんこんのはさみ揚げ

材料

れんこん——小2節（200g）
木綿豆腐——2/3丁（200g）
にんじん、ごぼう
——各適量（各20gくらい）
干ししいたけ（だしがら）——2枚（20g）
グリーンアスパラガス（茎の太い部分）
——適量
＊かたくて、通常捨てている部分でよい。

A
しいたけだし
——カップ3/4（150mℓ）
酒——大さじ2
みりん——大さじ1 1/3（20mℓ）
砂糖——小さじ1
しょうゆ——大さじ1

片栗粉——大さじ2
塩——少々
揚げ油——適量

作り方

1 木綿豆腐をふきんかキッチンペーパーで包み、重しをのせて水けをきる。裏ごしして片栗粉小さじ1（材料表外）と塩を混ぜる。

2 にんじん、ごぼう、干ししいたけをさいの目切りにし、**A**で煮て下味をつける。

3 グリーンアスパラガスを小口切りにし、塩ゆでする。

4 れんこんは皮をむいて1cm厚さの輪切りにし、ラップをかけて電子レンジで1分ほど通電する。

5 **1**に汁けをきった**2**と**3**を混ぜ合わせ、**4**ではさむ。具がはみ出さないようにかたちを整える。

6 **5**に片栗粉をまぶし、170℃に熱した油で周囲がきつね色になるまで揚げる。

＊大きければ半分に切って器に盛る。
＊ししとうの素揚げを添えて。

れんこんの甘みと歯ごたえが、はさんだ豆腐のやわらかさとよく合います。豆腐に混ぜる具はいろいろと工夫してください。

◉揚げる

飛《ひ》竜《りょう》頭《ず》

材料（6個分）

木綿豆腐――1丁（300g）
乾燥ひじき――5g
にんじん、ごぼう、干ししいたけ（だしがら）――各適量（各20gくらい）
グリーンピース――大さじ1（10g）

A
しいたけだし――カップ3/4（150mℓ）
酒――大さじ2
みりん――大さじ1 1/3（20mℓ）
砂糖――小さじ1
しょうゆ――小さじ2

B
しいたけだし――カップ1 1/2
酒――カップ1/4（50mℓ）
みりん――大さじ2
砂糖――小さじ1/2

しょうゆ――小さじ2
片栗粉――小さじ2
塩――適量
揚げ油――適量

関西では飛竜頭、関東ではがんもどきといいます。他の野菜と一緒に煮て炊き合わせにすれば、ボリュームのある一品になります。

作り方

1 木綿豆腐をふきんかペーパータオルで包んで重しをのせ、水けをきる。裏ごしし、片栗粉と塩少々を加えてよく混ぜる。

2 ひじきをぬるま湯で戻し、1〜2cmの長さに切る。

3 にんじん、ごぼう、干ししいたけをさいの目に切る。

4 **2**と**3**を**A**で煮て火を止め、10分ほどおいて味をしみ込ませる。

5 煮汁をきった**4**にグリーンピースを加え、**1**の豆腐に混ぜてボール型に丸める。

6 油を170℃に熱し、**5**をきつね色になるまで揚げる。油からあげて1分くらいおいたら、熱湯カップ2をゆっくりかけて余分な油を流す。

7 **6**を**B**で5分くらい煮て、しょうゆと塩少々を加え、さらに5分くらい煮る。

ゴーヤーの野菜詰め揚げ

材料

ゴーヤー――小½本（150g）
ごぼう――細め¼本（40g）
にんじん――⅙本（30g）
グリーンアスパラガス――2本（40g）
レモン――適量
A
しいたけだし――カップ½
酒――大さじ2
砂糖――小さじ1
しょうゆ――小さじ2
片栗粉――大さじ1
＊大さじ1⅓（20㎖）の水で溶く。
パン粉（またはフライ粉）――カップ½
揚げ油――適量

作り方

1 ゴーヤーは種とワタをスプーンで取り除き、筒状にする。

2 ごぼうをゴーヤと同じ長さの棒状（割り箸くらいの太さ）に切り、**A**で5分ほど煮て下味をつける。

3 にんじんもごぼうと同じ棒状に切り、アスパラガスとともに塩ゆでする。

4 **2**と**3**を**1**にすき間なくギュウギュウに詰め、1～1.5㎝幅に切る。

5 詰めた具がはずれないように注意し、**4**に水溶き片栗粉をからめ、パン粉をまぶして170℃に熱した油で揚げる。器に盛り、レモンを添える。

油で揚げることによりゴーヤーの苦みが抑えられ、まろやかな味になります。食欲が減退する夏に最適です。

焼く

焼きもののコツは「遠火の強火」といいます。
時間をかけて十分に火を通しながら、
ほどよく焦げ目をつけて
香りとうまみを引き出すのが理想。
また、ご家庭でオーブンなどを利用する場合は、
なるべく食べる直前に焼くとよいでしょう。

焼きなすのとろろがけ

材料

なす――2本（150g）
長いも――大1/10本（100g）
しょうが――1かけ（30g）

A
昆布だし――大さじ2
酒――大さじ1
みりん――小さじ2
薄口しょうゆ――小さじ1

B
昆布だし――カップ1/2
酒――大さじ2
みりん――大さじ1
しょうゆ――小さじ2

作り方

1 なすの皮に縦の切り目を4本ほど入れ、グリルか1000wのオーブンで12〜18分焼いて、皮をむく。

2 長いもの皮をむいてすりおろす。

3 **A**を小鍋でひと煮立ちさせて**2**に加えよく混ぜ合わせる。

＊だしの分量は長いもの水けによって調整する。

4 小鍋をきれいにして、**B**をひと煮立ちさせ、火を止めて冷めるまでおき、しょうがをすりおろして加える。

5 **1**を**4**に10分ほどつけて味をしみ込ませ、器に盛り、**3**のとろろ汁をかける。

＊好みで刻みのり適量をのせる。

焼きなすの皮が焦げた香ばしい香りが最高です。皮が焦げても身は焦げていないので、黒くなるまで大胆に焼くことがコツです。

だいこんステーキ

材料

だいこん——1/5本（300g）
みょうが——1本（15g）
エリンギ——小4本（70g）

A
昆布だし——カップ1
酒——カップ1/4（50mℓ）
しょうゆ——大さじ1
塩——少々

B
酒——大さじ2
しょうゆ——小さじ2
実山椒（水煮または佃煮）——小さじ1

油——大さじ1

作り方

1 だいこんは半分の輪切りにし、皮をかつらむきにして面取りする。片側に十字の切り込みを厚さの半分くらいまで入れる。

2 **1**を米のとぎ汁で竹串が通るくらいまで弱火でじっくりと下煮し、ゆでこぼしてぬるま湯で軽くすすぐ。

3 鍋に**2**と**A**を入れ、だいこんがやわらかくなるまで煮る。火を止めて15分くらいおき、味をなじませる。

4 みょうがを細切りにして5分ほど水にさらす。

5 エリンギを四つ割りにする。

6 **3**のだいこんの汁けをきり、フライパンに油を熱して**5**とともに焼く。

＊だいこんは、ヘラやフライ返しなどで押さえつけて焦げ目をつけるとよい。

7 全体に油がまわったら**B**を加え、味をからませる。

＊**B**の代わりに**3**の煮汁でもよい。

8 器に青じその葉適量（材料表外）を敷き、**7**と**4**を盛る。

こってりしたおかずが食べたいときにおすすめです。だいこんの代わりに水けをきった木綿豆腐を使い、豆腐ステーキにしてもよいでしょう。

精進チヂミ

材料（直径15cm 2枚分）

じゃがいも —— ⅔個（100g）
ごぼう —— 適量（30gくらい）
だいこん —— 小1/10本（100g）
にんじん —— 1/6本（30g）
春菊 —— 2株（50g）
酒 —— カップ¼（50mℓ）
しょうゆ —— 小さじ2
おろししょうが —— 小さじ2
小麦粉（またはチヂミ粉）—— カップ1
油 —— 大さじ1

作り方

1 じゃがいもをさいの目切りにし、水に10分ほどつける。ごぼうは洗って皮をそぎ、斜め薄切りにして別の水に同じく10分ほどつける。

＊ごぼうが太かったら縦半分に切り、さらに斜め薄切りにする。

2 だいこんはさいの目切り、にんじんと春菊は細かく刻む。

3 小麦粉に水カップ1¼（250mℓ）、塩少々（材料表外）を加えて混ぜる。

4 フライパンに油を熱し、水けをきった**1**、**2**を炒める。油がまわったら酒、しょうゆ、おろししょうがを加え、しんなりしたら具を円形にまとめて中央に平らに寄せる。**3**をかけ、弱火にしてふたをする。2分ほど焼いたら一度ひっくり返して両面を焼く。

5 食べやすい大きさに切り、みそだれ（ごま豆腐の敷きみそ／p.100参照）を添える。

韓国料理の人気メニュー、チヂミ。春菊の風味と食感が、みそだれによく合います。裏返すときは、くずさないように注意します。

精進焼き餃子

材料（18〜20個分）

キャベツの葉——2枚（100g）
白菜の葉——大1枚（100g）
干ししいたけ（だしがら）——2枚（20g）
みょうが——1本（15g）
しょうが——1かけ（30g）
コーン（生またはホールコーン缶詰）——30g
餃子の皮——18〜20枚
しょうゆ——大さじ1 1/3（20㎖）
塩、こしょう——各少々
ごま油——小さじ1
油——小さじ1

作り方

1 キャベツ、白菜をラップで包み、電子レンジで2分通電してやわらかくし、大きめのみじん切りにする。ふきんで軽くしぼって水けをきる。

2 干ししいたけとみょうがをみじん切りにする。

3 しょうがの皮をむき、すりおろす。

4 フライパンに油を熱し、**1**〜**3**とコーンを炒め、油がまわったらしょうゆ、塩、こしょうで味を調え、汁けをとばすようにひと炒めする。

5 **4**がある程度冷めたら餃子の皮で包む。

6 フライパンをきれいにし、たたんだクッキングペーパーに油小さじ2（材料表外）をしみ込ませて油を薄く塗り、十分加熱して煙が出る直前に**5**の餃子を並べる。

7 フライパンにふたをして、強火で30秒ほど焼いたらサッとふたを開け、湯カップ1/2に小麦粉か片栗粉小さじ1（材料表外）を溶いて縁からぐるっとまわし入れ、再びふたをする。

8 中火にして、水が蒸発するまで3分ほど焼く。水けがなくなったらふたを開け、残った水分を蒸発させる。フライパンの縁からごま油を流し入れ、さらに1分ほど焼いてカリッとさせる。

＊ふたを開けたときに水分がたくさん残っていたら、フライパンを傾けて湯を捨てる。
＊ぽん酢でいただく。

においの強い野菜を使わない、あっさりとした精進餃子です。多少の焦げ目をつけてカリッと焼きあげるのがコツです。

たけのこの木の芽みそ焼き

材料

たけのこ（生）――小2本（250g）

＊採って日が経っている場合は、米ぬかを入れた湯でゆでてアクを抜く。

木の芽――10～15枚

A
昆布だし――大さじ1
みりん――大さじ1
薄口しょうゆ――小さじ1

白みそ――大さじ2

◆青寄せ

ほうれん草――大1株（100g）

＊またはかぶの葉。

作り方

1 軽くゆでたたけのこの皮をむき、縦半分に切る。

2 木の芽は茎の太い部分だけ取り除き、すり鉢でする。

3 **2**に白みそと青寄せ大さじ1 1/3（20㎖）を入れ、小鍋で**A**をひと煮立ちさせて熱いうちに加え、よくすり混ぜる。塩少々（材料表外）を加えて味を調え、かための木の芽みそを作る。

＊青寄せで緑の色をつける。

4 **1**を網かオーブン、グリルで焦げ目がつく程度に焼き、**3**をはけで塗ってさらに1分ほど焼く。

◆「青寄せ」の作り方

1 ほうれん草の葉の部分をちぎり、やわらかめに塩ゆでしてフードプロセッサーに入れ、ゆで汁大さじ2を加えてペースト状になるまで通電し（またはすり鉢でする）、さらに裏ごしする。

2 小鍋で湯を沸かし、沸騰寸前に**1**を入れ、泡のように浮いてきた緑の細かいカスを網ですくい取る。ぬらしてよくしぼったふきんにのせてそのまま水けをきる。

＊この分量で大さじ1～3杯。多めに作ってラップに小分けし、冷凍しておくと便利。

木の芽みそのあざやかな緑色は、たけのこが採れた竹やぶを思い起こさせます。木の芽と青寄せを混ぜずに白みそ仕立てで焼いてもよいでしょう。

蒸す

煮ものと違い、食材のうまみを煮汁に
流出させてしまうことなく火を通す料理法です。
味をつけることは難しいため、
あんをかけるなどの工夫が必要です。
心配だからと何度もふたをあけて
温度を下げないように注意しましょう。

かぶら蒸し

材料（2個分）

かぶ―――2個（200g）
大和いも―――1/6本（50g）
しめじ―――1/8パック（30g）
にんじん―――適量（10gくらい）
ゆでぎんなん―――6個（15g）

A
昆布だし―――カップ1/2
酒―――大さじ2
みりん―――大さじ1
薄口しょうゆ―――小さじ2
塩―――少々

作り方

1 かぶをよく洗い、皮のまますりおろして軽く汁けをきる。

2 大和いもは皮をむいてすりおろし、片栗粉小さじ2と塩少々（ともに材料表外）を加えて**1**とよく混ぜる。

＊さらに裏ごしすると、きめ細かくなる。

3 しめじは石づきを取り除いてほぐし、長ければ半分に切る。にんじんは細切りにする。

4 **3**とぎんなんを丸型の湯飲みなどに入れ、**2**を入れて上から押しつける。

5 湯気のあがった蒸し器にラップをしないで**4**を入れ、15分ほど蒸す。

6 小鍋に**A**を入れて沸騰させ、片栗粉小さじ1（材料表外）を大さじ1の水で溶いて加え混ぜ、ひと煮立ちさせてあんを作る。

7 **5**を器にひっくり返して出し、**6**のあんをかけ、おろしわさび（材料表外）をのせる。

ふっくらとして、くちの中でとろける食感がおいしい一品。**4**で、深い湯飲み茶碗の⅔ほどまで入れて蒸し、取り出さずその上にあんをかけてもよいでしょう。

高野いこみ蒸し

材料

高野豆腐——2枚
木綿豆腐——1/3丁（100g）
ひじき（戻したもの）——10g
干ししいたけ（だしがら）——1枚（10g）
にんじん——少々（15gくらい）
オクラ——2本（30g）

A
しいたけだし——カップ3/4（150mℓ）
酒——大さじ2
みりん——大さじ1 1/3（20mℓ）
しょうゆ——小さじ2
砂糖——小さじ1

B
昆布だし——カップ1/2
酒——大さじ2
みりん——大さじ1 1/3（20mℓ）
薄口しょうゆ——小さじ1
塩——少々

作り方

1 木綿豆腐をふきんかキッチンペーパーで包み、重しをのせて水けをきる。

2 ひじきは刻み、干ししいたけとにんじんはみじん切りにする。

3 鍋に**A**と**2**を入れ、5分ほど煮てそのまま冷まし、下味をつける。

4 オクラは塩ゆでし、薄い輪切りにする。

5 **1**をつぶし、片栗粉小さじ1（材料表外）を加え混ぜ、裏ごしする。煮汁をきった**3**と**4**を混ぜる。

6 高野豆腐を戻して半分に切り、側面に切り込みを入れて袋状にし、**5**を詰める。

7 **6**の具がはみ出さないようにきれいに整え、湯気のあがった蒸し器で10分ほど蒸して取り出し、そのまま10分ほどおいて冷まし、具を固める。

8 小鍋に**B**を入れ、沸騰させて煮汁を作り、**7**をそっと入れておとしぶたかクッキングペーパーをかぶせ、弱火で10分ほど煮含ませる。汁ごと器に盛る。

そのまま煮るのではなく、ひと手間かけた料理です。高野豆腐をくずさないように、また煮るときに具が離れないように注意します。

さといもの茶巾蒸し

材料

さといも――6個（300g）
えのきたけ――1/4袋（50g）
にんじん――1/6本（30g）
絹さや――3~7枚（20g）
ゆでぎんなん――12個（30g）
柚子の皮――適量
A
昆布だし――カップ1
酒――大さじ2
みりん――大さじ1 1/3（20mℓ）
しょうゆ――小さじ2
片栗粉――小さじ1
＊大さじ1 1/3（20mℓ）の水で溶く。

作り方

1 さといもの皮をむき、ひとくち大の乱切りにして水に5分ほどさらす。

2 鍋に多めの水を入れ、**1**が十分にやわらかくなるまでゆでて、ゆでこぼす。

3 **2**をボウルに移し、塩少々と片栗粉小さじ1（ともに材料表外）を加えてマッシャーでつぶす。

4 ぬらしてよくしぼったふきんを広げ、**3**をピンポン球よりひとまわり大きめの分量をのせ、ギュッとしぼりあげて茶巾型にする。そのまま湯気のあがった蒸し器に並べて5分ほど蒸す。

5 えのきたけは石づきを取り除き、3~4cmの長さに切り、にんじんは細切りにする。

6 絹さやのヘタとスジを取って塩ゆでし、水にさらして冷やし、斜め切りにする。

7 小鍋に**5**とぎんなん、**A**を入れて煮る。にんじんとえのきたけに火が通ったら沸騰させ、水溶き片栗粉をかき混ぜながら加えてとろみをつけ、火を止めて**6**を加える。

8 **4**を器に盛り、**7**のたれをかけ、細切りにした柚子の皮を散らす。

さといもをつぶすことにより、なめらかな食感が楽しめます。たれの具はレシピ例以外にも、季節の野菜を使って工夫するとよいでしょう。

「献立作成のコツ」

皆さんが実際に本書を利用する際には、掲載された単品料理をいくつか組み合わせて献立を作成することと思います。

最も基本的な組み合わせは、「ご飯もの」＋「汁もの」＋「漬けもの」＋「おかず」となります。おかずが二品なら「一汁二菜」で、三品なら「一汁三菜」と呼びます。お客様に出す場合は、ご飯と漬けものは必ずあるものとして数に加えませんので、こう呼ぶわけです。この形式ならば来客用として恥ずかしくない組み合わせになります。

また、おかずは調理時間の都合や手元にある食材に応じ、好きなものを選んで組み合わせればよいのですが、その組み合わせにもコツがあります。

私が永平寺東京別院の副典座に就いたばかりのころの話です。料理技術にも自信がつき、難しい料理もなんのその、得意になってこれでもかとばかりに作っていました。

ある日、食事を終えた一人の老師が、「あなたの料理は、一つ一つの味は申し分ないのだが、自己主張しすぎてバラバラじゃ。もっと起承転結を考えなさい」と忠告してくださったのです。しかし、そのときは指摘された意味がよくわからず、長いあいだ悩みました。

後日、その老師の説法を拝聴する機会がありました。法話は、ダラダラとメリハリがない単調な話し方では聴衆が飽きてしまいますし、逆に終始大声でたたみかけるようなごり押しでは聴く者が疲れてしまいます。ところがその老師の説法は、あるときにはやさしく、そして肝心なところでは激しく、リズムよく、また聴衆に考えさせる間を十分にとった展開で、聞き終えたときに仏法の悦びを感じさせるすばらしい法話でした。

そのとき私は、ハッと気がつきました。献立も同じなのです！

「献立は料理の台本」という名言があります。思えば、オーケストラが奏でる交響曲も、俳優が演じる舞台や映画も同様で、それぞれの演者が引くべきところと出るべきところをわきまえ、暗さと明るさ、緊張とリラックスなどさまざまな点でメリハリをつけ、互いを引き立たせ合ってこそ、全体的なまとまりが出るのです。

料理も同じで、濃い味の煮ものにはさっぱり味の和合《あえ》ものを組み合わせるとか、かたいものとやわらかいもの、苦いものと甘いものなど、食べた後に総合的な満足感が得られるような組み合わせと、山場と余韻の演出が大切で、組み合わせによって単品で作る場合とは味加減を変える配慮も必要となるのです。

料理を演出するストーリーを思い描きながら献立を作るのはとても楽しいことだと気づかせてくださった老師に感謝しております。

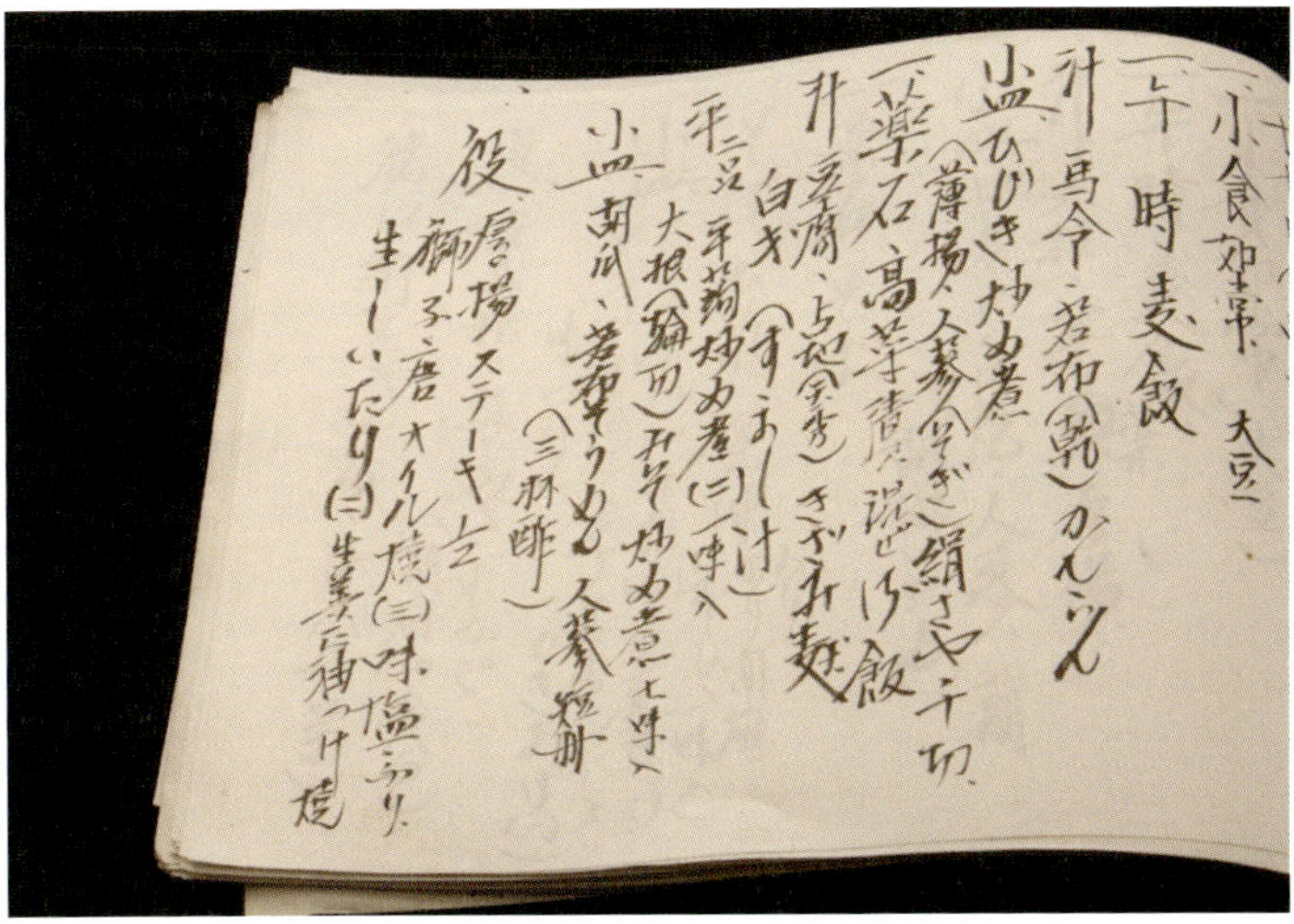

著者の恩師がしたためた、永平寺のある日の献立書。

もてなしの精進料理Ⅰ

本膳仕立
一汁五菜

（品書き）
飯椀　煎り豆腐ご飯
汁椀　かぶとめかぶのすまし汁
香菜　だいこん、きゅうり、にんじんの浅漬
平皿　姫竹の白菜ほうれん草巻、じゃがいも餅、にんじんの煮もの
膳皿　春キャベツとうどの辛子酢みそ和合《あえ》
坪《つぼ》　ごま豆腐
小皿　ゴーヤーの佃煮
猪口《ちょく》　りんごの甲州煮

むやみに華美で奇をてらった食材を用いることなく、たとえ質素であろうとも、食材のいのちに感謝し、持ち味を生かして調えるのがお寺でのもてなし膳です。

赤や黒の漆塗りのお膳で供されることが多いため、器の取り扱いには心を配ってください。また、器をお膳に置いたまま箸でつついて食べるのは不作法です。一つ一つの器を両手で取りあげ、胸元に運んでいただきます。足が痛い方は無理に正座することなく、適宜くずしてもかまいません。食事中の会話やおかわり、お唱えの仕方などはお寺ごとに作法が異なりますので、係の和尚さんの進行に従い、わからない点は遠慮なく尋ねてみるとよいでしょう。

本来、お寺のもてなし膳は季節ごとに旬の食材を用いて献立を調えますが、ここでは各季節の料理を便宜的に組み合わせた献立を紹介します。一品ずつでも、ご家庭でぜひ作ってみてください。

香菜

だいこん、きゅうり、にんじんの浅漬

煎り豆腐ご飯

材料と作り方

1 木綿豆腐⅔丁（200g）をふきんで包み、重しをのせて水けをきる。

2 米1合（180㎖）をとぎ、ざるに15分ほどあげておく。

3 油揚げ½枚（10g）、にんじん適量（20gくらい）を細切りにする。

4 鍋に**1**を手でつぶして入れ、水けがなくなるまで弱火でから煎りする。水分がとんで粒状になってきたら、しょうゆ小さじ2を加えて味を調える。

5 **2**の米を炊飯器に入れ、**3**と**4**、酒カップ¼（50㎖）、昆布だし（または水と昆布）カップ¾（150㎖）、薄口しょうゆ小さじ1を加えて炊く。

*好みで青のりをふる。

かぶとめかぶのすまし汁

材料と作り方

1 かぶ（葉を少し残す）½個（50g）の皮をむき、葉をつけたまま縦半分に切る。

2 米のとぎ汁カップ1½で**1**を下煮し、竹串がスッと通るくらいやわらかくなったら火を止める。

3 しめじ適量（30gくらい）をほぐす。

4 昆布だしカップ1½、酒カップ¼（50㎖）、みりん大さじ2、薄口しょうゆ小さじ2、塩少々で**2**と**3**を3分くらい煮る。火を止める30秒くらい前に、めかぶ100gを加え、混ぜながらひと煮する。

姫竹の白菜ほうれん草巻、じゃがいも餅、にんじんの煮もの

じゃがいも餅

材料と作り方

1 じゃがいも1個（150g）の皮をむき、乱切りにして、じゃがいもがくずれる寸前まで水からゆでる。

2 **1**のゆで汁をきってじゃがいもをつぶし、熱いうちに片栗粉小さじ2と塩少々を加えてよく混ぜ、団子型に丸めて油で素揚げする。

3 小鍋に昆布だしカップ½、酒大さじ2、みりん大さじ1、しょうゆ小さじ1、砂糖小さじ½を沸騰させ、片栗粉小さじ½を水小さじ2で溶いた水溶き片栗粉を少しづつ混ぜてとろみをつけ、**2**にからめる。

姫竹の白菜ほうれん草巻

材料と作り方

1 白菜の葉小2、3枚（100g）を塩ゆでし、芯の部分をうすくそぐ。

2 ほうれん草小5株（80g）を塩ゆでする。

3 姫竹の水煮4本（50g）を昆布だしカップ½、酒大さじ2、みりん大さじ1⅓（20㎖）、薄口しょうゆ小さじ2、塩少々で3分ほど煮て火を止め、しばらくひたして味をしみ込ませる。

4 **1**を広げ、その上に**2**を広げ、**3**を芯にして巻き寿司のようにくるくると巻き、**3**の煮汁にしばらくつけて味をなじませ、食べやすい大きさに切る。

にんじんの煮もの

材料と作り方

1 にんじん¼本（50g）の皮をむき、短冊切りにする。

2 昆布だしカップ¾（150㎖）、酒大さじ1、塩少々でやわらかくなるまで煮る。

3 みつば4本（5g）をサッと塩ゆでし、**2**を数本ずつ束ねて結ぶ。

膳皿

春キャベツとうどの辛子酢みそ和合《あえ》

材料

春キャベツの葉――2、3枚（100g）
うど――80g
茎わかめ（生）――30g
油揚げ――½枚（10g）
白みそ――大さじ1⅓（20㎖）
酒――大さじ1⅓（20㎖）
みりん――大さじ1
砂糖――小さじ½
米酢――小さじ2
練り辛子――小さじ½

作り方

1 春キャベツの葉を食べやすい大きさに切って塩ゆでする。

2 うどの皮をむき、縦に半分に切って薄切りにし、さらに食べやすい長さの短冊切りにする。片栗粉少々（材料表外）を入れた多めの水に5分ほどつけてアクを抜く。

3 茎わかめを細切りにし、塩ゆでする。

4 油揚げを焼き、細切りにする。

5 酒とみりんを小鍋でひと煮立ちさせ、砂糖、米酢、練り辛子、白みそとともにすり鉢ですりあげてあえしろを作り、**1**～**4**をあえる。

ごま豆腐
（作り方は次頁）

ごま豆腐

材料（150×100×45㎜の流し缶 約1缶分／6個分）

練りごまペースト——カップ½強（100g）

A
- 昆布だし——カップ2¾（550㎖）
- 酒——カップ¼（50㎖）
- 塩——小さじ½

本くず——カップ½

＊カップ½の昆布だし（材料表外）で本くずをよく溶いておく。

写真1

写真2

写真3

写真4

写真5

作り方

1 だしで溶いた本くずをざるでこし、大きな粒のくずを取り除く。

2 **1**と**A**を鍋に入れる。

＊この時点で、練りごまペースト：くず：水分（くずを溶いただしとAのだしと酒）は1：1：7の体積比になっている。

3 **2**を強火で加熱する。はじめのうちは木べらを常に動かして鍋の中に流れを作り、くずが沈まないようにする（写真1）。

4 鍋の縁あたりのくずが固まりはじめたら、火を中火から弱火にする。すぐに全体がトロトロになってくるので、その時点から20～25分ほど、木べらでよく練りあげる（写真2）。

＊火加減は、木べらを動かさないと空気がボコボコと吹きあがるくらい。湯気が常にある程度出ている状態にする。

5 木べらですくってぽたぽたと落ちないくらいまで練りあげたら（写真3）火を止め、流し缶や密閉容器などに移す（写真4）。

＊あるいはラップに適量をとり、包んで根元を輪ゴムでしばり丸くしてもよい。

6 常温で30分ほどおいてあら熱をとり、容器にラップをかけて冷蔵庫に入れ、一晩冷やす。

7 固まったら（写真5）ひっくり返し、食べやすい大きさに切り、敷きみそ、たまりじょうゆ、ポン酢などを敷いた上に盛り、すりおろしたわさびやしょうがをのせる。

敷きみそ

●材料と作り方

豆みそ、みりん、砂糖各大さじ2、しょうゆ小さじ1½、一味唐辛子少々を鍋に入れ弱火で加熱し、木べらで5分ほど練りあげてそのまま冷ます。

たまりじょうゆ

●材料と作り方

昆布だし、しょうゆ各大さじ4、みりん大さじ2、塩少々を鍋に入れ、ひと煮立ちさせてそのまま冷ます。

「ごま豆腐ともてなしの心」

精進料理を代表する料理の一つ、「ごま豆腐」。

永平寺で私に精進料理の基本を教えてくださった典座老師は、よく、「精進料理は手間を食べてもらうものだ」とおっしゃっていました。ありあわせの食材しかなくても、手間を惜しむことなく丁寧に料理する姿勢が精進料理のもてなしの心です。だからこそ、最高に手間と労力がかかるごま豆腐が精進料理の顔といわれるのでしょう。

本格的に作る場合は、ごまを油が出るまですり鉢ですり、トロトロになったらお湯で溶き、布袋に入れてしぼります。これにより、ごまの濃厚な風味をだすことができるのですが、しぼり出しは経験がないとなかなかうまくいかず、ましてや少量だと難しくなります。

そこで本書では、ご家庭で初心者にも挑戦できるようにごまをしぼり出すまでの過程を略し、市販の練りごまやごまペーストを用いた方法を紹介しています。

くず粉は、練れば練るほど、強い腰となめらかな食感に仕あがりますので、火にかけてからの20〜30分間が最も大切です。次第に額から汗が流れ落ち、やれ手が疲れた、腰が痛い、もういいかなと、つい雑念がわきがちですが、ここで自分に負けてはいけません。心を落ち着けて、坐禅と同じ心境で、ひたすら練りあげてください。

しっかりと練られたごま豆腐は角がピシッと立ち、それでいてプルプルッとしたやわらかい食感に仕あがります。練りが足りないと、フニャフニャ、クターっとした腰のないごま豆腐になってしまいます。だからといって、くず粉の分量を増やしてはかたくなってしまいます。

くず粉とだしの割合が絶妙で、なおかつしっかりと練りあげたごま豆腐を作るまでには、相当の苦労を要します。かくいう私も、修行時代何度も失敗を重ね、典座老師に「そんな出来じゃあお客さんには出せんぞ」とたびたび叱《しっ》咤激励《たげきれい》された結果、ようやくコツをつかんだのです。ぜひ皆さんも、納得いくまで挑戦してみてください。

小皿

ゴーヤーの佃煮

材料と作り方

1 ゴーヤー小1/3本（100g）を縦半分に切って種とワタを取り、厚さ5㎜くらいに切る。

2 しめじ1/5パック（50g）の石づきを取り除いて、ほぐす。

3 鍋に油小さじ1/2を熱し、**1**と**2**を炒める。十分に油がまわったら、昆布だしカップ1/2、酒大さじ4 2/3（70㎖）、みりん大さじ2、砂糖大さじ1/2、しょうゆ小さじ2を加え、弱火で煮汁がなくなるまで煮詰める。

猪口

りんごの甲州煮

材料と作り方

1 りんご小1個（150g）の芯を取り、皮がついたまま乱切りにする。

2 鍋に**1**と昆布だし、白ワイン各カップ1/2、白砂糖、ザラメ砂糖各小さじ1、薄口しょうゆ小さじ1、塩少々を入れ、弱火で煮汁がほぼなくなるまで煮込む。

3 **2**を器に盛り、干しぶどう適量をのせる。

「精進料理と茶道」

禅の影響を強く受けながら千利休が大成した「茶道」は「わび茶」ともいい、茶会で出される「懐石料理」は精進料理の心と相通じる点が多くみられます。

ある雪の朝、利休が長男である千道安《せんのどうあん》の茶室に招かれた際の話です。ふと庭を見ると、道安が畑の青菜を採っています。蓑《みの》と笠に雪が降り積もる姿はなんとも風流で、利休は寒さをいとわず雪の中で労を尽くし、採りたての野菜でもてなそうとする道安のまごころに感心しながら懐石料理を待ちました。ところが運ばれた椀を見ると、早春には珍しい高級魚であるスズキの料理が主体で、さきほどの青菜は添えものでした。利休は一気に興ざめし、道安を一喝したと伝えられています。

もちろん、道安に悪気はなかったことでしょう。むしろ父のために特別な料理でもてなしたいとの想いから、苦労してスズキを用意したに違いありません。しかし、それは茶の心とは相反するものでした。豪華で珍しい食材をわざわざ取り寄せるのではなく、質素ながらも、もてなしの心があふれた暖かみのある料理こそが、食する者の心を打つのです。また、スズキは夏が旬の魚です。冬なら冬にふさわしい旬の食材を用いることが天地自然の道理にかなった無理のない滋味となり、風流を感じさせるのです。

また別の日、利休がある茶会に招かれたときのこと。亭主は利休に茶を点《た》てることができる嬉しさからか、茶杓《ちゃしゃく》を落としたり茶筅《ちゃせん》を倒したりと、粗相を連発してしまいました。それを見ていた同席者たちが嘲笑する中、利休だけが「日本一の手前でござる」と亭主をほめました。

帰路、なぜあのような不作法をほめるのかと不思議がる同席者に、利休は、自分のために心を込めて点ててくれた亭主のもてなしの心に感じ入ったからだと答えました。いくら上手な作法でも、心が伴わなければ意味がありません。逆に、作法の巧拙を超えたもてなしの心こそがなによりも大切だと利休は説いたのです。

寄せる

素材のかたちをいったんくずし、思い通りの食感とかたちに仕あげることができる寄せもの。あらかじめ作って冷蔵庫に入れておき、食べる直前に味をつけて仕あげれば忙しいときなどにも重宝します。

ピーナッツ豆腐

材料

ピーナッツ —— 50g
昆布だし —— カップ1/4（50mℓ）
くず粉 —— カップ1/2

A
- 昆布だし —— カップ3 1/2（700mℓ）
- 酒 —— カップ1/4（50mℓ）
- 塩 —— 少々

B
- 昆布だし —— カップ1/4（50mℓ）
- 酒 —— 大さじ2
- みりん —— 大さじ1
- 薄口しょうゆ —— 小さじ2

作り方

1 ピーナッツの皮をむき、包丁またはフードプロセッサーで細かく刻む。
＊カップ約1/2になる。

2 1をすり鉢に入れ、昆布だしを注いでペースト状になるまですりあげる。

3 くず粉を細かくつぶす。

4 2、3、Aを鍋に入れ、木ベラでひっきりなしにグルグル混ぜながら、はじめ強火で加熱し、鍋周辺のくず粉が固まりはじめたら中火にして25分くらい練りあげる。

5 ラップに適量落として輪ゴムでとめ、そのままおいてあら熱を取り、冷蔵庫に入れて半日冷やす。
＊型や湯飲みに入れて固めてもよい。

6 5をラップから出して器に盛り、Bをひと煮立ちさせてかける。
＊好みでピーナッツペーストや練り辛子、おろしわさびなどをのせる。

作り方はごま豆腐とほぼ同じで、ごまをピーナッツに変えて作ります。他にもよもぎ・トマト・枝豆・そら豆などアイデア次第でいろいろな味が楽しめます。

木綿豆腐のくず寄せ

材料

木綿豆腐——1/2丁（150g）
しめじ——1/5パック（50g）
まいたけ——1/4パック（50g）
にんじん——適量（15g）
いんげん——小3本（20g）

A
くず粉——大さじ2
昆布だし——カップ3/5（120mℓ）
酒——大さじ2
塩——少々

B
昆布だし——カップ3/4（150mℓ）
酒——大さじ2
みりん——大さじ1 1/3（20mℓ）
しょうゆ——小さじ2

作り方

1 木綿豆腐をふきんかペーパータオルで包み、重しをのせて水けをきり、さいの目に切る。

2 小鍋に**A**を入れ、混ぜながら強火で熱し、くずが鍋の縁から固まりはじめたら弱火にし、くずが透明になりはじめるまで20分くらい練る。

3 **2**に**1**を加えて軽く混ぜ、湯飲み茶碗などの容器に入れてそのままおいて冷まし、冷めたら冷蔵庫に入れて半日冷やす。

4 しめじ、まいたけは石づきを取り除き、ほぐす。にんじんは半月切りにする。

5 いんげんを塩ゆでして斜め切りにする。

6 **4**と**B**を小鍋に入れて煮る。

7 **3**を器ごと湯に浮かべて温め、ひっくり返して器に盛り、**5**を散らし、**6**を注ぐ。

*季節によっては冷やしたままでもよい。その場合は**6**も冷やして注ぐ。

くずした豆腐を再び固めた風流な一品です。くずの練り込みが足りないとうまく固まりませんので、透明になるまでよく練りましょう。

うなぎの蒲焼き豆腐

材料（3枚分）

木綿豆腐――2/3丁（200g）
ごぼう――細め1/3本（50g）
大和いも――20g
焼きのり――5cm×10cmを3枚

A
昆布だし――カップ1/4（50mℓ）
酒――大さじ2
みりん――大さじ1 1/3（20mℓ）
砂糖――小さじ1
黒砂糖またはザラメ砂糖――小さじ1
しょうゆ――大さじ1 2/3（25mℓ）

油――小さじ1
揚げ油――適量

作り方

1 木綿豆腐をふきんかペーパータオルで包んで重しをのせ、水けをよくきる。

2 ごぼうの皮をそぎおとし、すりおろす。しぼって水けをある程度きる。

3 大和いもの皮をむいてすりおろす。

4 **1**を裏ごしして、**2**と**3**、片栗粉小さじ1（材料表外）を加えてこねる。

5 小鍋に**A**を沸騰させ、弱火にして3分ほど煮詰め、たれを作る。

＊市販のウナギのたれを使ってもよい。

6 焼きのりを乾いたまな板の上に裏を上にしてのせ、**4**を焼きのりよりひとまわり小さく塗り、角をきれいに整える。うなぎを開いた感じがでるように、箸などで筋をつける。

＊油で揚げるとのりが縮む。

7 油を170℃に熱し、**6**を入れ、薄いきつね色になったら引きあげる。

8 フライパンに油を熱し、**7**ののりの面を上にして入れ、すぐに**5**のたれ2/3量を加え、中火にして焦げないように煮詰める感じで焼きあげる。

＊途中、のりがはがれないように注意して適宜裏返す。

＊オーブンでたれをハケで塗りながら焼きあげてもよい。

9 ご飯を器に盛り、**8**をのせて、残ったたれをかける。

＊好みで山椒の粉をふる。

豆腐と大和いもをうなぎに見立てたもどき料理です。ご飯にのせずにそのまま皿に盛っておかずにしてもよいでしょう。

「もどき料理」

精進料理では仏教の不殺生戒《ふせっしょうかい》に基づき、基本的に肉や魚介類を使用しません。ところが、どうしても肉が食べたい和尚さんがいたのか、はたまた遊び心からか、いつしか肉や魚などに似せた「もどき料理」と呼ばれる調理法ができあがりました。

特に中国や台湾などで盛んで、エリンギを蒸したアワビ風、春雨で作ったフカヒレ、マッシュポテトを湯葉で包み、豚や鳥の形に整えて油で揚げた姿焼きなど、見た目も食感も本物そっくりに工夫された精巧なもどき料理が食卓を飾ります。

わが国でも、中国式の調理法をそのまま伝えた普茶《ふちゃ》料理でよく作られるほか、一般にも雁の肉に似せて豆腐で作ったがんもどきや、寒天やこんにゃくで作ったお刺身、豆腐と山いもで作ったうなぎ風蒲焼きなどが有名です。

しかしせっかくの野菜をわざわざ肉や魚に似せて、いわば「偽物」を作ることは禅の本道から外れると考えるため、あまり積極的にもどき料理を作らない精進料理人も少なくありません。私もその一人なのですが、以前、ある檀家さんからこんな相談を受けたことがあります。

「父はうなぎが大好きでした。ところが胃の病気を患い、何も口にできなくなってしまいました。早く治して一緒にうなぎを食べに行こうと約束したのですが、残念ながらそれはかなわず、帰らぬ人となってしまいました。せめて父のお位牌にうなぎをお供えしたいのですが、生ものを仏壇にお供えしてもよいでしょうか」

生ものをお供えしてよいかどうかの議論は別として、それならばと、私は生ものの代わりに、うなぎもどきの調理法を教えてあげました。娘さんの優しいまごころはきっと亡きお父さんに伝わったことと思います。

また食事制限でカロリーを抑える必要がある場合には、無理に我慢を続けて精神的に苦しむより、豆腐や野菜を使ったヘルシーなもどき料理を楽しんでみるのもよいのではないでしょうか。その喜びが病気を治す元気につながるならば、使われた野菜もきっと満足すると思うのです。

梅酒寒天寄せ

夏らしい涼やかなデザートです。寒天が多すぎると食感を損ねてしまうので、量は寒天の説明書きに従い調整してください。

材料

梅酒――カップ1 3/4（350mℓ）
A［昆布だし――カップ1/2
　みりん――カップ1/4（50mℓ）
　塩――少々
粉寒天――3〜4g
梅干し――1個

作り方

1 梅酒とAを鍋でひと煮立ちさせ、粉寒天を少しずつ加えてよく混ぜる。型に移して1時間ほどおき、固める。

＊青梅漬（梅干しを焼酎で漬ける際、しそを加える前の状態の青梅）があれば種を取り除き、型の中に入れて一緒に固めてもよい。

2 型から出し、食べやすい大きさに切って器に盛り、種を取った梅干しを添える。

ご飯もの

たっぷりの水で手早く米をとぐことがおいしいご飯には欠かせません。また、といでから30分ほどおいて炊きはじめるとふっくら炊きあがります。

かために炊くときは15分ほどおきます。

具を炊き込む場合は、食材によって水加減と味の濃さを調整してください。

お焦げのうずみ豆腐

材料

ご飯 —— 茶碗1〜1 1/2杯分
*残りご飯でよい。
木綿豆腐 —— 2/3丁（200g）
みょうが —— 1本（20g）
白すりごま、みつば、刻みのり —— 各少々
A［昆布だし —— カップ2
酒 —— カップ1/4（50mℓ）
塩 —— 少々

作り方

1 木綿豆腐をさいの目に切る。
2 みょうがを輪切りにし、水に5分ほどさらしておく。
3 ご飯をフライパンに広げ、中火にしてヘラやしゃもじなどで押しつけ、焦げ目をつける。
4 鍋に**A**をひと煮立ちさせてすまし汁を作り、**1**を入れて中火で加熱し、豆腐が2、3個浮いてきたら**3**のお焦げご飯を入れて30秒ほど温める。
5 **4**を器に盛り、**2**とすりごま、みつば、刻みのりを散らす。

豆腐がご飯やお粥に埋もれていることから、うずみ豆腐といいます。お焦げの香りが炉の暖かさを思い起こさせ、寒い冬の夜食にも最適です。

たけのこと干ししいたけの握り寿司

材料（たけのこ寿司約6個分／干ししいたけ寿司4個分）

米――1合（180㎖／10～12カン分）
ゆでたけのこ――50g
干ししいたけ（だしがら）――4枚（40g）
A
しいたけだし――カップ1¼（250㎖）
酒――大さじ2
みりん――大さじ1
砂糖――大さじ1
しょうゆ――大さじ1⅓（20㎖）
酒――大さじ2
昆布だし――適量
B
純米酢――大さじ1⅓（20㎖）
砂糖――小さじ½
塩――少々
焼きのり、けしの実――各少々

作り方

1 たけのこを6～8等分し、寿司の具に似せて長方形に切る。干ししいたけは軸を取り除く。

2 小鍋に**A**と**1**を入れ、中火で煮汁がある程度なくなるまで煮る。火を止め、そのまましばらくおいて味をしみ込ませる。

3 米をといでざるにあげ、15分ほどおく。

4 炊飯器に米を入れ、酒を加え、1合分の目盛りまで昆布だしを注いで炊く。

*酒と水、昆布5㎝分で炊いてもよい。

*だしや水の分量は、米の質や炊飯器の種類によってかわることがある（P.116～119も同様）。

5 炊きあがった**4**をバットなどの平たい容器に移し、ヘラやしゃもじなどでほぐしながら、よく混ぜた**B**を3、4回に分けてふりかける。その都度混ぜ、うちわで仰いで寿司飯を作る。

6 **5**を寿司のかたちに握り、上に煮汁をきった**2**をそれぞれのせる。たけのこは細く切ったのりを巻き、干ししいたけは中央にけしの実をのせる。

ひとくちサイズのしゃれた精進お寿司です。もてなしには、麺類とあわせてお出しするとよいでしょう。

むかごご飯

材料

米——1合（180㎖）
むかご——100g
油揚げ——½枚（10g）
A しいたけだし——カップ$\frac{9}{10}$（180㎖）
　酒——大さじ$2\frac{2}{3}$（40㎖）
　しょうゆ——小さじ1

作り方

1 米をといでざるにあげ、30分ほどおく。
2 むかごをよく洗う。油揚げは細切りにする。
3 炊飯器に**1**と**2**を入れ、**A**を注いで炊く。

やまいも（自然薯）の葉の付け根になる実がむかごです。ご飯と一緒に炊くとほっくり、もちもちの食感で、里山の秋を感じさせてくれます。

たけのこご飯のおにぎり

たけのこご飯は油揚げを加えると味がまろやかになります。しょうゆは少なめにして、たけのこの風味を引き立てます。

材料（6個分／大きめで4個分）

米――2合（360㎖）
ゆでたけのこ――小½本（150g）
油揚げ――1枚（20g）
焼きのり――適量
A［酒――大さじ2
しょうゆ――小さじ1
塩――少々］
昆布だし――適量

作り方

1 あく抜きしたたけのこをいちょう切りにする。
2 油揚げを細切りにする。
3 米をといでざるにあげ、15分ほどおく。
4 炊飯器に3とAを入れ、2合分の目盛りまで昆布だしを注いで1と2を加え、炊く。
5 炊きあがったら蒸らし、具をよく混ぜる。
6 手を水でぬらしながらおにぎりを作り、焼きのりを巻く。

揚げじゃがいもご飯

昔はご飯のかさを増すために、このように野菜などを混ぜ込んだものですが、現代ではむしろぜいたくなご飯でしょう。じゃがいもは素揚げすることにより、香り高いご飯になります。

材料

米――1合（180㎖）
じゃがいも――小1個（100g）
A しいたけだし――カップ$9/10$（180㎖）
酒――大さじ2
薄口しょうゆ――小さじ$1/2$
塩――少々
揚げ油――適量

作り方

1 米をといでざるにあげ、30分ほどおく。
2 じゃがいもの皮をむき、さいの目に切り、5分ほど水につけておく。
3 水けをよくきった**2**を、170℃の油で2分ほど、まわりが少しきつね色になるまで素揚げする。
4 **3**の$2/3$量をクッキングペーパーで軽く包んで油分をとり、**1**の米とともに炊飯器に入れる。**A**を加えて炊く。
5 炊きあがったら軽く混ぜ、**3**の残りを混ぜ込む。

トマトご飯

トマトを炊き込むことによって、豊かな香りを楽しむことができます。ほんのりとした酸味が食欲をそそります。

材料

米――1合（180mℓ）
油揚げ――1枚（20g）
枝豆（塩ゆで）――50g
A
トマトジュース――カップ1
酒――大さじ2
塩、こしょう――各少々

作り方

1 米をといでざるにあげ、30分ほどおく。
2 油揚げを細切りにする。
3 **1**と**2**を炊飯器に入れ、**A**を加えて炊く。
4 炊きあがったら、枝豆を混ぜ込む。

＊トマトジュースが濃厚な場合は、適宜水で薄める。

精進カレーライス

材料

ご飯――適量
じゃがいも――1個（150g）
かぼちゃ――100g
にんじん――½本（100g）
セロリ――長め⅓本（80g）
厚揚げ――½枚（50g）
こんにゃく――¼枚（50g）
カレールー（市販）――100g
酒――大さじ1⅓（20㎖）
しょうゆ――小さじ2
塩――少々
油――小さじ2

作り方

1 じゃがいも、かぼちゃ、にんじんの皮をむき、食べやすい大きさに切る。こんにゃくも食べやすい大きさにちぎる。

2 セロリと厚揚げを食べやすい大きさに切る。

3 鍋に油を熱し、**1**を炒める。油が十分まわったら酒と塩を加え、さらに具の周囲が透明になるまで炒め、水カップ3を加えて中火で煮る。

4 **3**の具にある程度火が通ったら**2**を加え、しょうゆとカレールーを入れて、ときどき混ぜながら弱火で5分ほど煮る。器にご飯を盛り、カレーをかける。

禅寺ではお供えして鮮度が落ちた野菜のおさがりをカレーにします。肉のかわりはこんにゃくと厚揚げ。ポロポロに煎ってひき肉に似せた豆腐などを利用してもよいでしょう。

お粥《かゆ》

「人を待たせてもお粥を待たせるな」の格言通り、炊きあがってすぐにいただくのが一番です。かき混ぜ過ぎるとお米がつぶれ、粘りけが増して風味を損ねてしまうので注意してください。忙しい人はお粥の炊ける炊飯器を利用するとよいでしょう。

餅と小豆のお粥

材料

米——カップ1/4（50ml）
餅——小さめ2個（100g）
小豆——20g
A
　水——カップ1 1/2
　酒——大さじ2
　みりん——大さじ1 1/3（20ml）
　砂糖——小さじ2
　しょうゆ——小さじ1
酒——大さじ1
塩——少々

作り方

1 小豆を多めの水に一晩ひたしてざるにあげ、鍋にAとともに入れ、煮汁がほぼなくなるまで弱火で煮る。
＊煮汁がなくなってもまだ小豆がかたい場合は水を足して煮る。

2 米をとぎ、ざるにあげて15分ほどおき、鍋に水カップ2と酒、塩とともに入れて炊く。沸騰したら吹きこぼれないうちに弱火にし、煮汁をきった1を加えてふたをし、20〜25分ほど炊く。
＊炊飯器を利用する場合は、最初から小豆を入れて炊く。

3 餅をひとくち大に切って網かオーブンで焼き、器に盛った2にのせる。

禅寺では、お正月などに供えたお餅のおさがりを小さく切って焼き、お粥に混ぜていただきます。お餅と小豆を用いたお粥は、お祝いの席に向いたお粥です。

茶粥

ほうじ茶の香ばしい香りが食欲をそそります。少し多めの水加減で、サラッとした炊きあがりになるよう火加減を調整してください。

材料

米——カップ$\frac{1}{4}$（50㎖）
ほうじ茶（普通の濃さ）——カップ2
塩——少々

作り方

1 米をとぎ、ざるにあげて15分ほどおく。
2 ほうじ茶は冷ます。
3 ふたつきの鍋に**1**と**2**、塩を入れ、はじめはふたをしないで強火にし、沸騰したら米を軽くかき混ぜ、ごく弱火にする。
4 ふたを少しずらしてかけ、20～25分ほど炊いたら火を止め、10分ほど蒸らす。

さつまいものお粥

さつまいも本来のホクホクした自然の甘みがお粥とよく合います。黒ごま塩を添えるとよいでしょう。

材料

米――カップ1/4（50mℓ）
さつまいも――1/2本（100g）
塩――少々

作り方

1 さつまいもをよく洗い、皮をつけたまままさいの目に切り、水に5分ほどつけておく。

2 米をとぎ、ざるにあげて15分ほどおく。

3 ふたつきの鍋に**1**と**2**、水カップ2、塩を入れ、はじめはふたをしないで強火にし、沸騰したら米を軽くかき混ぜ、ごく弱火にする。

4 ふたを少しずらしてかけ、20〜25分ほど炊いたら火を止め、10分ほど蒸らす。

みょうがと枝豆のお粥

夏から秋にかけて旬を迎える食材を用いた、爽やかなお粥です。他にもいろいろな食材をお粥に加えて工夫してみるのも楽しいものです。ミントなどのハーブを使ったお粥も新鮮です。

材料

米――カップ1/4（50mℓ）
みょうが――2本（40g）
枝豆（塩ゆで）――正味50g
塩――少々

作り方

1 みょうがの根元を少し取り除き、縦に細切りにし、水に5分ほどつけておく。

2 米をとぎ、ざるにあげて15分ほどおく。

3 ふたつきの鍋に**2**と水カップ2、塩を入れ、はじめはふたをしないで強火にし、沸騰したら米を軽くかき混ぜ、ごく弱火にする。

4 ふたを少しずらしてかけ、20〜25分ほど炊いたら火を止め、**1**と枝豆を入れて軽く混ぜ、ふたをして10分ほど蒸らす。

「お粥の功徳《くどく》」

中国で五世紀に訳出された『摩訶僧祇律《まかそうぎりつ》』という仏典に「粥有十利《しゅうゆうじり》」と示されているとおり、お粥には十種の功徳（すばらしい点）があるといわれています。

一、色つやを良くする。
二、力がつく。
三、寿命をのばす。
四、やすらかになる。
五、口臭を防ぎ会話がさわやかになる。
六、消化がよい。
七、風邪を予防する。
八、飢えを満たす。
九、のどの渇きをいやす。
十、便通がよくなる。

お粥と仏教との関わりは深く、中でもお釈迦様が悟りを得た際の故事が有名です。六年にわたる難行を重ねたお釈迦様は、むやみに肉体を衰弱させても意味がないことに気づき、断食をやめて河で身を清めます。そのときスジャータという娘が布施した乳粥で元気を取り戻したお釈迦様は、菩提樹の下で心やすらかな坐禅を組み、ついに悟りを得るのです。その故事にちなんで、禅寺では、十二月八日の早朝、お釈迦様の悟りを讃えてお粥を献じる法要を行じ、読経を終えてひざまずく僧侶たちにひとくちずつ乳粥が配られ、そのありがたき慈味をしのぶのです。

また修行僧が増えて寺の食糧が不足したときにもお粥が重宝されました。

北宋の芙蓉道楷《ふようどうかい》禅師は「飯《はん》に備うべきは則ち飯となし、飯となすに足らざれば則ち粥《しゅく》となし、粥となすに足らざれば則ち米湯《べいとう》となすべし（お米が足りていれば炊飯、不足した際にはお粥にせよ。それでも足りないときはさらに薄めて米湯〈おもゆ〉にするがよい）」と説き、貧しさに屈することなく修行に専念する心がまえを示されました。その心を忘れぬよう、いまでもお粥の表面に天井が映るほど薄い「天井粥《てんじょうじゅく》」を調える道場も少なくありません。

汁もの

むやみに長く加熱すると具の食感が損なわれ、しょうゆやみその香りがとんでしまうので、素早く味を決めることが大切です。白いご飯には濃い味の汁が、混ぜご飯にはあっさりとした汁がよく合います。また、たくさんの具を使うほど、具からだしが出ておいしい汁ができあがります。

焼きなすの利休汁

材料

なす —— 小2本（200g）
生しいたけ —— 3枚（60g）
白ごま —— 小さじ2
A
しいたけだし —— カップ1 4/5（360㎖）
酒 —— 大さじ2
みそ —— 大さじ1〜大さじ1 2/3（25㎖）
＊みその塩分により量を調整する。
しょうゆ —— 小さじ1

作り方

1 なすのヘタを取り、1000Wのオーブンかグリルで13分ほど焼いて皮をむく。
＊熱くて皮をむけない場合は、香りは失われるが、冷水にくぐらせてから皮をむく。
2 生しいたけの石づきを取り除き、軸ごと縦半分に切る。
3 白ごまを色がつくまで煎る。
＊好みで、すり鉢で半ずりにしてもよい。
4 鍋に**2**と**A**を入れて一度沸騰させ、弱火にしてみそを溶き入れる。最後にしょうゆを加え、1分ほど煮て火を止める。
5 器に**1**を盛り、**4**を注ぎ、**3**を散らす。

千利休が好んだことから、ごまを散らしたみそ汁を利休汁または利久汁と呼びます。焼きなすの香ばしい香りがみそとよく合います。

けんちん汁

材料

木綿豆腐――⅓丁（100g）
だいこん、にんじん、れんこん、ごぼう――各適量（各20～30g）
干ししいたけ（だしがら）――1枚（10g）
白菜の葉――小1枚（50g）
小松菜――1株（40g）
こんにゃく――¼枚（50g）

A
しいたけだしまたは水――カップ2
酒――大さじ2
しょうゆ――大さじ1⅓（20㎖）

ごま油――小さじ2

作り方

1 木綿豆腐をふきんかペーパータオルでくるみ、重しをのせて水けをとる。
2 だいこん、にんじん、れんこんの皮をむき、いちょう切りにする。干ししいたけもいちょう切りにする。れんこんはアク抜きのためごく薄い酢水（材料表外）に5分ほどつけておく。
3 ごぼうをたわしでよくこすり、斜め切りにし、アク抜きのためごく薄い酢水（材料表外）に5分ほどつけておく。
4 こんにゃくと白菜を食べやすい大きさに切る。
5 小松菜を4～5㎝長さに切る。
6 **1**の木綿豆腐をボウルに入れ、細かくつぶし、塩少々（材料表外）をまぶす。中火で熱した鍋またはフライパンに入れ、豆腐が粒状に固まるまでから煎りして取り出す。
7 鍋をきれいにしてごま油を熱し、水けを切った**2**～**4**の具を入れ、具が焦げないように混ぜながら中火で炒める。
8 **7**の油が十分にまわり、具の周囲が透明になってしんなりしたら、**6**を加える。
9 **8**に**A**を加えて煮る。
＊味をみて、好みで塩加減を調整する。
10 具に火が通ったら火を止め、**5**の小松菜を加え、余熱で火を通す。

もともとは、つぶれてしまった豆腐や残った食材を無駄にしないために炒めて再利用したのがけんちん汁です。その精神を生かすためにも、無理にレシピ通りの食材を揃えず、具は冷蔵庫にある残りものを利用するとよいでしょう。

枝豆の呉汁《ごじる》

材料

ゆでた枝豆――正味カップ1 1/3（100g）
だいこん――適量（60gくらい）
厚揚げ――約1/2枚（50g）
ミニトマト――適量

A
昆布だし――カップ3/4（150mℓ）
酒――大さじ2
みりん――大さじ1
薄口しょうゆ――小さじ2
塩――少々

B
昆布だし――カップ3/4（150mℓ）
酒――大さじ2
みりん――大さじ1 1/3（20mℓ）
薄口しょうゆ――小さじ1
塩――少々

作り方

1 枝豆をさらにやわらかくゆでで、水大さじ1とともにフードプロセッサーに入れ、ペースト状になるまで通電して、裏ごしする。

2 **1**を鍋に入れ、**A**を加えて弱火で煮る。

3 だいこんと厚揚げを食べやすい大きさに切り、**B**とともに鍋に入れ、5分ほど煮て火を止め、そのまま味をしみ込ませる。

4 器に**2**を注ぎ、煮汁をきった**3**と、半分に切ったミニトマトを入れる。

＊季節により、冷やしてもよい。
＊好みで、**A**の薄口しょうゆは味をみながらみそに変えても。

豆腐を作る過程で出る、すりつぶした大豆を「呉」と呼びます。この一品は、大豆ではなくすりつぶした枝豆を使った、鮮やかな彩りのクリーミーな呉汁です。

かぶの酒粕汁

とろけるようなやわらかさのかぶと、酒粕のうまみがよく合います。寒い時期には、からだの芯から暖まる料理です。

材料

かぶ（葉つき）――2個（300g）
にんじん――適量（30gくらい）
エリンギ――2本（60g）
厚揚げ――½枚（50g）
酒粕――50g
白みそ――小さじ2
A［昆布だし――カップ2¼（450㎖）
　 酒、みりん――各カップ¼（各50㎖）
しょうゆ――大さじ1
ごま油――小さじ2

作り方

1 かぶの皮をむき、鍋に米のとぎ汁カップ3（材料表外）とともに入れ、竹串がスッと通るやわらかさになるまで中火で下ゆでし、ぬるま湯で軽くすすぐ。
2 にんじん、エリンギ、厚揚げを食べやすい大きさに切る。
3 鍋にごま油を熱し、にんじんとエリンギを炒める。油がまわったら**A**を加え、アクを取りながら中火で煮る。
4 具に火が通ったら、**1**と厚揚げ、しょうゆを加え、さらに弱火で3分ほど煮る。
5 酒粕をラップで包み、電子レンジで30～60秒通電し、白みそとともにすり鉢に入れ、**4**の鍋から煮汁をカップ¼（50㎖）すり鉢に加えてよくすりあげる。
6 **5**を**4**の鍋に入れ、味をみて、塩少々（材料表外）で味を調える。
7 **6**を器に盛り、塩ゆでして食べやすい長さに切ったかぶの葉を添える。

白菜のクリームスープ

ゆでた白菜の甘みが豆乳のまろやかさとよく合います。具はお好みで適宜変えてください。

材料

白菜の葉——大2枚（150g）と50g
にんじん——1/4本（50g）
ブロッコリー——小1/4株（100g）
厚揚げ——約1/2枚（60g）
A
　昆布だし——カップ3/4（150mℓ）
　酒——カップ1/4（50mℓ）
　薄口しょうゆ——小さじ1
　塩——少々
豆乳——カップ1
塩——少々

作り方

1 白菜の葉2枚を水カップ1でかなりやわらかくなるまで塩ゆでし、煮汁ごとフードプロセッサーに入れてペースト状になるまで通電する。

2 にんじんと厚揚げを食べやすい大きさに切る。

3 ブロッコリーも食べやすい大きさに切って塩ゆでする。

4 **1**と**2**、白菜50gを細切りにして鍋に入れ、**A**で煮る。にんじんがやわらかくなったら豆乳を加え、ふきこぼれないように弱火で5分くらい煮る。塩を加えて味を調え、最後に**3**を加えてひと混ぜする。

揚げなすのガスパチョ

材料

なす —— 1本（100g）
きゅうり —— ½本（50g）
みょうが —— 1本（30g）
うど —— 5～7cm（30g）
セロリ —— ⅕本（50g）
トマト —— 小1個（150g）

A
- 昆布だし —— カップ½
- 白ワインまたは酒 —— 大さじ2
- みりん —— 大さじ1

塩 —— 少々

作り方

1 なすのヘタを取り、輪切りにする。

2 きゅうりをさいの目に切る。みょうがを細切りにして5分ほど水にさらす。うどは皮をむき、さいの目に切って水にさらす。

3 鍋に**A**をひと煮立ちさせ、セロリ（葉と茎の部分が混ざってよい）とヘタを取ったトマトとともにフードプロセッサーに入れてペースト状になるまで通電する。

4 **3**を鍋に入れて軽く沸騰させ、塩で味を調える。

5 **1**のなすを油（材料表外）で素揚げするか、オリーブ油大さじ1（材料表外）で炒め、器に盛った**4**に**2**とともに盛りつける。

スペインのトマトスープ、ガスパチョ。暑い季節には冷やしてどうぞ。季節や温度によってトマトの濃さを好みに調整してください。

もてなしの精進料理Ⅱ

二の膳仕立

二汁七菜

二の膳

吸物椀　そばがきのすまし汁

高坏《たかつき》　絹豆腐のふきみそのせ

中皿　ブロッコリーともやし、生しいたけの新しょうが炒め

坪《つぼ》　りんごとアボカド、水菜の生湯葉酢和合《あえ》

大引《だいびき》　精進揚げ五品

本膳

飯椀　野沢菜ご飯

汁椀　焼豆腐、さといも、スナップえんどうのみそつぎ汁

香菜　長いも昆布締め、たくあん

平皿　大福袋、花麩、ぎんなんの煮もの

膳皿　アスパラガスとごぼうの辛子酢みそ和合《あえ》

猪口《ちょく》　ゆり根の梅肉和合《あえ》

＊献立表は本膳を右側に表記するのが通例ですが、本書では写真に合わせ、左側に表記しています。

本膳

飯椀　野沢菜ご飯

材料と作り方

1 米1合（180㎖）をとぎ、ざるにあげ30分くらいおく。

2 油揚げ1枚（20g）を細切りにし、**1**と昆布だしカップ9/10（180㎖）、酒大さじ2、薄口しょうゆ小さじ1とともに炊飯器に入れて炊く。

3 野沢菜適量を食べやすい長さに切り、好みで油小さじ1でサッと炒め、炊きあがったご飯に混ぜる。

汁椀　焼豆腐、さといも、スナップえんどうのみそつぎ汁

材料

焼き豆腐——⅔丁（200g）
さといも——4個（200g）
スナップえんどう——小6枚（25g）

A
昆布だし——カップ1¼（250㎖）
酒——カップ¼（50㎖）
みりん——大さじ2
豆みそ——大さじ1
普通みそ——小さじ1
しょうゆ——小さじ1

B
昆布だし——カップ½
酒——大さじ1
薄口しょうゆ——小さじ1
塩——少々

作り方

1 焼き豆腐を食べやすい大きさに切る。

2 さといもの皮をむき、大きい場合は食べやすい大きさに切る。多めの米のとぎ汁または水で竹串が通るくらいまで下ゆでし、洗ってぬめりをとる。

3 **A**をひと煮立ちさせて煮汁を作り、**1**と**2**を煮る。クッキングペーパーなどで落としぶたをし、弱火で15分ほど煮て火を止め、半日ほどおき、味をしみ込ませる。

4 スナップえんどうのヘタとスジを取り、塩ゆでする。

5 **B**をひと煮立ちさせ、**4**を5分ほどつける。

6 **3**を温め、具と**5**を器に盛り、煮汁を注ぐ。

＊好みで練り辛子少々をのせる。

香菜　長いも昆布締め、たくあん

平皿

大福袋、花麩、ぎんなんの煮もの

材料

板干し湯葉——2枚
かんぴょう——30㎝
木綿豆腐——1/3丁（100g）
干ししいたけ（だしがら）——2枚（20g）
エリンギ——2本（50g）
にんじん——適量（10gくらい）
花麩（生麩）——適量（50gくらい）
ぎんなん——10粒
みそ——大さじ1
昆布だし——大さじ2
しょうゆ——小さじ1
片栗粉——小さじ1/2

A
昆布だし——カップ1 3/4（350㎖）
酒——大さじ4 2/3（70㎖）
みりん——大さじ2
薄口しょうゆ——小さじ1
塩——少々

油——小さじ1

作り方

1 板干し湯葉とかんぴょうをぬるま湯につけて戻す。

2 木綿豆腐をふきんかペーパータオルで包み、重しをのせて水けをきる。

3 石づきを取り除いた干ししいたけとエリンギ、にんじんを細切りにする。

4 みそをすり鉢に入れ、昆布だしを小鍋で温めて注ぎ、よくすり混ぜる。

5 **2**の豆腐を手で粗くつぶし、フライパンでから煎りする。水分がとんで粒状になってきたら取り出す。

6 フライパンをきれいにして、油を熱し、**3**を炒め、油がまわったら**4**と**5**、しょうゆ、片栗粉を加えてよく炒め混ぜる。

7 **1**の板干し湯葉を広げて**6**を包み、かんぴょうで結んで大福袋を作る。

8 花麩を食べやすい大きさに切る。ぎんなんの殻を割り、薄皮をむく。

＊ぎんなんはゆでぎんなんでもよい。

9 鍋に**A**を入れ、**8**を中火で煮る。麩が大きくふくらんだら**7**の大福袋を入れて弱火にし、5分ほど煮る。

10 大福袋、花麩、ぎんなんを煮汁とともに器に盛り、サッとゆでたみつば（材料表外）を結んで添える。

膳皿　アスパラガスとごぼうの辛子酢みそ和合《あえ》

材料

ごぼう——太め1/10本（30g）
グリーンアスパラガス——細め3本（30g）
花麩（乾燥）——数枚
昆布だし——カップ3/4（150mℓ）

A
- 酒——大さじ1
- しょうゆ——小さじ2
- 塩——少々

B
- 昆布だし、酒——各大さじ1
- 薄口しょうゆ——小さじ1/2
- 砂糖——小さじ1

白みそ——大さじ2
練り辛子——小さじ1/2
純米酢——大さじ1

作り方

1 皮をそいだごぼうを縦半分に切ってささがきにし、水に5分ほどつけておく。

2 **A**で**1**を下煮し、そのままおいて味をなじませる。

3 グリーンアスパラガスを食べやすい長さに切り、塩ゆでする。

4 花麩をぬるま湯につけて戻す。

5 すり鉢に白みそと練り辛子を入れ、**B**を小鍋でひと煮立ちさせて加え、よくすり混ぜる。最後に純米酢を加えてさらによく混ぜ、**2**〜**4**を入れてあえる。

猪口　ゆり根の梅肉和合《あえ》

材料と作り方

1 ゆり根1/2個（50g）をほぐし、1片ずつ面取りし、煮くずれない程度に塩ゆでする。

2 梅干し2個（30g）の種を取り除き、梅肉を包丁でたたいてつぶし、すり鉢に入れる。

3 小鍋で酒小さじ2、みりん大さじ1、薄口しょうゆ小さじ1/2をひと煮立ちさせ、**2**に注いでよくすり混ぜ、**1**を入れてあえる。

二の膳

吸物椀　そばがきのすまし汁

材料

そば粉――カップ½（60g）
貝割れだいこん――適量
A
昆布だし――カップ¾（150㎖）
酒――大さじ2
みりん――大さじ1
薄口しょうゆ――小さじ1
塩――少々
酒――大さじ2
片栗粉――小さじ1
*小さじ2の水で溶く。
塩――少々

作り方

1 そば粉を目の細かいふるいにかけて小鍋に入れる。
*小さい鍋を使わないと後で練りにくい。

2 別の鍋で水110㎖と酒、塩を混ぜて沸騰させ、**1**に一度にぐるっとまわし入れ、弱火で加熱しながら、箸を8本くらい先を揃えて輪ゴムで束ねた混ぜ棒で練る。

3 **2**を5〜8分くらい練り続け、なめらかになって生臭さが消えたら火を止める。

4 別の鍋に**A**をひと煮立ちさせ、水溶き片栗粉を少しずつ加え混ぜてとろみをつける。

5 **3**を適度な大きさに分け、ぬらしてよくしぼったふきんにのせて茶巾しぼりにする。

6 **5**を器に入れ、**4**のすまし汁を注ぎ、貝割れだいこんを添える。

高坏　絹豆腐のふきみそのせ

材料と作り方（作りやすい分量）

1 ふきのとう大10個（150g）をざく切りにする。つけ根の部分は細かく切る。

2 鍋に豆みそと普通みそ各大さじ1、酒大さじ2、みりん大さじ1、しょうゆ小さじ1を入れて混ぜ、弱火でみそをよく溶く。

3 フライパンに油小さじ2を熱し、**1**に塩少々をふって炒める。油が十分にまわったら**2**を加え、弱火にして、さらに10分ほど練りながら炒める。

＊この量でカップ1弱できる。冷蔵庫で保存すれば1週間ほどもち、途中で加熱すればさらにもつ。

4 絹豆腐1/2丁（150g）を食べやすい大きさに切り、水けをよくきって青じその葉を敷いた器に盛り、**3**を適量のせる。

中皿　ブロッコリーともやし、生しいたけの新しょうが炒め

材料

ブロッコリー――小1/5株（70g）
生しいたけ――2枚（40g）
もやし――50g
赤パプリカ――1/3個（30g）
新しょうが――1かけ（20g）
酒――大さじ1
薄口しょうゆ――小さじ1
塩――少々
油――小さじ1

作り方

1 ブロッコリーの花の部分は食べやすい大きさに切り、茎の部分は皮をむき、茎は短冊切り、皮は細切りにして塩ゆでする。

2 生しいたけは石づきを取り除き、軸とともに縦1/4に切る。

3 もやしをよく洗う。新しょうがの皮をむき、細く切って針しょうがにし、水に5分ほどさらしておく。

4 赤パプリカの種を取り、細切りにする。

5 フライパンに油を熱し、**1**と**2**を炒める。油が十分にまわったら、酒と薄口しょうゆ、塩、**3**を加え、水分がとぶまで炒め、最後に**4**を加えてよく炒め混ぜる。

坪　りんごとアボカド、水菜の生湯葉酢和合《あえ》

材料と作り方

1 りんご1/4個（70g）の芯を取り除き、皮をつけたまま薄切りにして、塩水に1分ほどつける。

2 熟れたアボカド1/4個（50g）の皮をむき、種を取り除いて、食べやすい大きさに薄く切る。

3 水菜50gを食べやすい長さに切り、塩少々をふって軽く塩もみする。

4 えのきたけ1/4袋（50g）は石づきを取り除き、食べやすい長さに切り、塩ゆでする。

5 生湯葉100gを包丁でたたいてやや粗めにつぶし、純米酢大さじ2、砂糖少々、薄口しょうゆ小さじ1/2とよく混ぜ、**1**〜**4**を入れてあえる。

大引

精進揚げ五品

高野豆腐のフライ　干し柿の天ぷら　さつまいもの天ぷら　ししとうの天ぷら　新しょうがと枝豆のかき揚げ

材料

高野豆腐——2枚

A
- しいたけだし——カップ1
- 酒——大さじ2
- みりん——大さじ1⅓（20㎖）
- 薄口しょうゆ——小さじ2
- 塩——少々

干し柿——2個（70g）
さつまいも——⅓本（70g）
ししとう——4本
新しょうが——50g
ゆで枝豆——正味50g
抹茶——適量
塩——少々
天ぷら粉または小麦粉——カップ1
フライ粉——カップ¼（50㎖）
揚げ油——適量

作り方

1 天ぷら粉または小麦粉を冷水で溶き、揚げ衣を作る。
＊水加減は説明書きにしたがう。

2 高野豆腐をぬるま湯で戻し、食べやすい大きさに切り、Aで5分ほど煮て味をしみ込ませる。煮汁を軽くしぼり、1の揚げ衣をつけ、さらにフライ粉をまぶして、180℃の油できつね色になるまで揚げる。

3 干し柿のへたを取り、種があれば取る。1の揚げ衣をつけ、180℃の油で1分前後揚げる。

4 さつまいもを皮ごとよく洗い、食べやすい大きさに切り、水に5分ほどつけてアクを抜く。よく水けをきって1の揚げ衣をつけ、180℃の油で1分前後揚げる。

5 ししとうのへたを取り、空気抜きの切り込みを入れ、1の揚げ衣を下半分につけて、180℃の油で30秒ほど揚げる。

6 新しょうがを皮ごとよく洗い、粗めの細切りにして5分ほど水につける。枝豆と混ぜ、1の揚げ衣をからめて180℃の油で1分前後揚げる。
＊油に入れて具がバラバラにならないように、揚げ衣に粉を少し足して粘度を高める。

7 抹茶をふるいにかけ、塩を混ぜた抹茶塩を添える。

麺類

麺をゆでる際は多すぎるくらいのお湯を強火で沸かし、麺を入れても温度があまり下がらないようにするのがコツです。麺によってその性質はさまざまなので、まずは製品の説明書きの通りにゆでてみるとよいでしょう。

豆乳そうめん

材料

そうめん――300g
みょうが――1本（20g）
白ごま、おろしわさび、刻みのり――各適量
豆乳――カップ1 4/5（360㎖）
昆布だし――カップ1/2
酒――大さじ2
塩――小さじ1/2

作り方

1 昆布だしと酒を軽く沸騰させ、豆乳と塩を加え、吹きこぼれないよう火力を調整しながらしばらく煮て、豆乳汁を作る。

2 みょうがは薄切りにして5分ほど水につけ、ごまは色がつく程度に煎る。

3 そうめんをゆで、ざるにあげて水にさらす。

4 **3**の水けをきり、ひとくちで食べられる量にまとめて器に盛る。**1**に刻みのりをのせて添え、**2**とおろしわさびを薬味にしていただく。

まろやかな豆乳のつけ汁に薬味を添え、サラッといただく手軽な一品。しょうゆ味のつけ汁とあわせて用意すれば、飽きずにたくさん食べることができます。

みそ煮込みきしめん

材料

きしめん――400g
＊市販の煮込み用きしめん2人分でもよい。
だいこん――1/10本（150g）
にんじん――1/6本（30g）
ごぼう――1/10本（30g）
干ししいたけ（だしがら）――3枚（30g）
絹さや――5枚（15g）
厚揚げ――1枚弱（100g）
A
しいたけだし――カップ3
酒――カップ2/5（80㎖）
みりん――カップ1/4（50㎖）
しょうゆ――小さじ2
豆みそ――大さじ1
油――小さじ1

作り方

1 だいこんを短冊切りにする。にんじんとごぼうはマッチ棒くらいの大きさに、干ししいたけは薄切りにする。

2 厚揚げを食べやすい大きさに切る。

3 大きめの鍋に油を熱し、**1**の具を炒める。油がまわったら**A**を加えて5分ほど煮、**2**の厚揚げも加えてさらに1分ほど煮る。

4 **3**を弱火にして豆みそを溶き入れ、火を止める。

5 絹さやのヘタとスジを取り、塩ゆでして水にさらし、冷ます。

6 きしめんを別の鍋でかためにゆで、水けをきって**4**の鍋に入れ、2分ほど煮込んで器に盛る。**5**の絹さやをのせる。

みそのこってりしたコクともっちりしたきしめんの食感がよく合います。できればみそつゆを一晩ねかせると、より味が落ち着いておいしくなります。

なめことオクラのとろろそば

材料

そば——200g
なめこ——1袋（100g）
オクラ——3本（30g）
長いもまたは大和いも——200g
A
　昆布だし——カップ3
　酒——カップ$\frac{1}{3}$強（70mℓ）
　みりん——大さじ2
　しょうゆ——カップ$\frac{1}{4}$（50mℓ）
塩——少々

栄養豊富なネバネバ食材を組み合わせたおそばです。食欲が減退したときなどにも最適です。冷たくして食べてもよいでしょう。

作り方

1 オクラを塩ゆでし、小口切りにする。

2 鍋にAを沸騰させ、1分ほど煮立てて麺つゆを作る。

3 なめこをざるに入れ、ぬるま湯で洗ってぬめりをある程度とり、小鍋に入れ、**2**の麺つゆカップ$\frac{1}{4}$（50mℓ）を加えて煮汁がほぼなくなるまで煮る。

4 長いもまたは大和いもの皮をむき、すり鉢ですりおろす。**2**の麺つゆ大さじ4を加え、よく混ぜる。**1**と煮汁をきった**3**も加えてよく混ぜる。

5 ゆでたそばを器に入れ、**2**の残りを注ぎ、**4**をのせる。

「雲水と麺」

『典座《てんぞ》教訓《きょうくん》』に、特別な日のごちそうとして「麺汁《めんじゅう》」なる料理を作るための食材を買いに来た典座和尚が登場します。「麺汁」がどんな料理だったのかは残念ながら不明で、一説にはすいとんだろうと推測されていますが、雲水がよろこぶ特別なごちそうといえば、すいとんではなく文字通り麺だったのではないかと考えるのは、麺好きな私のひいき目でしょうか。

現在でも、修行道場では特別な日や、特に食事の寄進があった場合などには麺類が出されます。お祝いの場合は「祝麺《しゅくめん》」と呼びます。ふだんお粥などの穀類を主食としているためか、麺を心待ちにする雲水も少なくありません。

麺のときは「庫院飯台《くいんはんだい》」といって、庫院すなわち寺の庫《く》裡《り》にて食事を行います。たとえば永平寺の場合、調理場脇の広間に机を並べ、雲水たちが着席するのを待って、湯桶の中にたっぷりと入れられたゆでたての釜揚げうどんが運ばれてきます。それを各自箸ですくいあげ、濃いめのつけ汁でいただくのです。台所の隣で食べるのは、ゆでたての替え麺をすぐに出すためなのは言うまでもないでしょう。

普段は食事中の音を極力出さないよう気を遣う雲水たちも、この日ばかりは例外です。数百人の雲水が一同にズズーッと麺をすする豪快な音は、麺好きな雲水たちが声ならぬよろこびを表しているようにも聞こえます。

雲水にとっていちばんのごちそうは麺類。湯桶の中いっぱいの麺がからになるまで、何度でもおかわりすることができる。

ビーフン炒め

材料

ビーフン――70g
にんじん――1/6本（30g）
ごぼう――1/10本（30g）
ヤングコーン――2本（20g）
生しいたけ――2枚（50g）
ほうれん草――大1株（50g）

A
しいたけだし――大さじ1 1/3（20㎖）
酒――大さじ2
みりん――大さじ1
しょうゆ――小さじ2

油――小さじ1/2

作り方

1 ビーフンをぬるま湯につけてもどす。
＊製品によって戻し方が違うので注意。

2 にんじんとごぼうを細切りにする。ヤングコーンは縦1/4に切り、長ければさらに食べやすい長さに切る。生しいたけは軸をはずし、細切りにする。

3 ほうれん草を長さ3㎝に切る。

4 フライパンに油を熱し、**2**を炒める。油がまわったら**A**を加え、具がやわらかくなるまで炒め煮にする。

5 具に火が通ったら、水けをきった**1**と**3**、好みで塩、こしょう各少々（ともに材料表外）を加え、1分ほど炒め、煮汁とともに器に盛る。

東アジア諸国でよく食べられているお米で作った麺、ビーフン。スープをたっぷりからめて炒めることにより独特の食感が楽しめます。

アボカドとズッキーニのトマトペンネ

材料

ペンネ――100g
＊好みのパスタでよい。
アボカド（熟したもの）――$\frac{1}{2}$個（100g）
トマト――1個（150g）
＊缶詰のホールトマトでもよい。
ズッキーニ――$\frac{1}{5}$本（50g）
マッシュルーム――3個（30g）
A
昆布だし――カップ$\frac{1}{4}$（50mℓ）
白ワインまたは酒――大さじ1$\frac{1}{3}$（20mℓ）
塩、こしょう――各少々
白ワイン――小さじ2
薄口しょうゆ――小さじ1
オリーブオイル――小さじ2

作り方

1 アボカドの皮をむき、種を取り、5㎜くらいの薄さに切る。
2 トマトをフードプロセッサーで粗めにつぶし（手で握ってつぶしてもよい）、**A**とともに鍋に入れ、弱火で5分ほど混ぜながら煮てトマトソースを作る。
3 ズッキーニの種をくりぬき、厚さ3㎜くらいの輪切りにし、塩少々（材料表外）をまぶして軽くもみ、しんなりさせておく。5分くらいして塩がなじんだら軽く洗って水けをきる。
4 マッシュルームを薄切りにする。
5 ペンネをゆではじめる。
6 鍋にオリーブオイルを熱し、**3**と**4**を炒める。油が十分まわったら、白ワインと薄口しょうゆ、**1**を加え、さらに30秒ほど炒める。
7 **6**に、ややかためにゆであげたペンネと**2**のトマトソースを加え、ひと炒めする。

トマトの赤とズッキーニの緑の彩りが鮮やかです。アボカドは「森のバター」とも呼ばれ、栄養豊富で健康によいことから注目されている果物です。

アスパラガスのペペロンチーノ

材料

スパゲティ――200g
グリーンアスパラガス――2本(50g)
みょうが――1本(20g)
厚揚げ――½枚(50g)
A
しいたけだし――カップ¾(150mℓ)
酒――大さじ2
みりん――大さじ1⅓(20mℓ)
しょうゆ――小さじ2
塩――少々
おろししょうが――大さじ1
輪切り赤唐辛子――少々
オリーブオイル――大さじ1⅓(20mℓ)

作り方

1 グリーンアスパラガスを斜め切りにする。みょうがは細切りにする。

2 厚揚げは食べやすい大きさに切り、**A**で5分ほど下煮する。

3 スパゲティをゆではじめる。

4 **3**がゆであがる頃、フライパンにオリーブオイルを熱し、**1**と煮汁をきった**2**、赤唐辛子を軽く炒め、ゆであがったスパゲティを入れる。**2**の煮汁カップ¼(50mℓ)を注ぎ、おろししょうがを加えてよくからめる。

イタリア語で唐辛子を意味するペペロンチーノ。濃厚なソースを使わないので、素材の味が直接楽しめるパスタです。

漬けもの

塩をうまく使うことで食材の水分が抜け、かわりに乳酸菌・発酵成分などの効果によってうまみがでます。残った野菜を無駄にせず、漬けものにして常備しておけば、季節の香り高い一品として、またお茶受けとしても最適です。

みょうがの甘酢漬

材料（作りやすい分量）

みょうが —— 10本（200g）

A
- 純米酢 —— カップ1
- 砂糖 —— 大さじ2
- 薄口しょうゆ —— 小さじ1

塩 —— 大さじ1 1/3（20㎖）

作り方

1 みょうがをよく洗い、根元を切り取り、縦2㎝ほどの切り込みを入れて、水カップ2 1/2に塩を混ぜた塩水に一晩つけておく。

＊みょうがが浮かないように落としぶたをする。

2 **A**を混ぜて甘酢を作り、保存袋か保存容器に入れ、軽く洗って水けをきった**1**を入れ、3日前後漬ける。

＊食べるときは細かく刻んでも、1本そのままでもよい。

夏になると店頭で売られるみょうがの大袋を酢漬にしておけば、ごはんに合う色鮮やかな漬けものとして、また、つけ合わせとしても重宝します。

豆腐のみそ漬

材料（作りやすい分量）

木綿豆腐――大2丁（800g）

A
- 豆みそ――300g
- 普通みそ――100g
- 酒――カップ$\frac{2}{5}$（80㎖）
- みりん――大さじ4$\frac{2}{3}$（70㎖）
- 砂糖――大さじ1

作り方

1 木綿豆腐を$\frac{1}{3}$の厚さに切り、ふきんかペーパータオルで包み、重しをのせて水けをしっかりときる。

＊ふきんを2、3回取り替えて完全に水けをきる。3回目には、豆腐に塩小さじ$\frac{1}{2}$（材料表外）をふり、豆腐全体によくすり込み、重しをのせて残った水けをきる。

＊水けをきっているあいだは室温に注意。暑い日は冷蔵庫で。

2 **A**をよく混ぜ合わせてみそ床を作る。

3 密閉容器に**2**を入れ、**1**をガーゼか粗い木綿ふきんで包み、みそ床にうめる。

4 冷蔵庫で2～4日ねかせ、みその味が豆腐にしみたら、食べやすい大きさに切って食卓へ。

＊きゅうりやにんじん、だいこんなどを漬けてもおいしい。

チーズのようなトロリとした不思議な食感と、みそのまろやかなコクが楽しめる珍味です。傷まないよう、必ず冷蔵庫でねかせてください。

菜の花の漬けもの

春になるといっせいに収穫される菜の花を、上手に保存できる漬けものです。おひたしや吸い物の具としても利用できます。

材料（作りやすい分量）

菜の花——約1束（200g）

*しなびている場合は水に浮かべて10分くらいおき、しゃきっとさせる。

塩——小さじ1

作り方

1 菜の花の先のほうを4～5cm長さに切る。茎のかたい部分は薄い斜め切り、または縦に半分に切って斜め切りにする。

2 **1**をボウルに入れて熱湯を注ぎ、15秒くらいしたらすぐざるにあげて冷水にとる。

3 **2**の水けをよくきり、さらにふきんかペーパータオルで水けをふき、再びボウルに入れて塩をまぶしよく混ぜる。

4 漬けもの容器に**3**を入れて重しをかけ、3日前後漬ける。

◆辛子和《あ》合《え》にも

昆布だしカップ1/4（50ml）、酒、みりん各大さじ1、砂糖少々、しょうゆ小さじ1を小鍋でひと煮立ちさせ、練り辛子小さじ1/2を加え混ぜ、漬け汁をきった**4**をあえる。

キャベツのザワークラウト風

ドイツやフランスで好まれる、乳酸発酵を利用したすっぱい漬けもので、油料理のつけ合わせとしてもよく合います。**3**で、ディルシード、キャラウェイシード、ローリエなどを加えるとさらに洋風になります。

材料（作りやすい分量）

キャベツ――¼個（300g）
セロリ（葉ごと）――⅕本（50g）
しょうが――1かけ（30g）
塩――小さじ1
黒こしょう――少々（1・25㎖）

作り方

1 キャベツとセロリを細切りにする。
＊キャベツの葉脈の太い部分は斜め薄切り。
2 しょうがをすりおろす。
3 ボウルに**1**と**2**を入れ、塩と黒こしょうを加えてよく混ぜ、漬けもの容器に入れて重しをかける。室温で5日前後おき、水があがって自然発酵し、酸っぱくなったら汁けをしぼって食卓へ。
＊暑い時期は、水があがったら容器を変えて冷蔵庫へ。

「雲水とたくあん」

師走の声を聞く頃、禅寺の軒先にはだいこんがずらりと並びます。永平寺などの大きな道場では、一年分のたくあんを漬けるために一～二万本ものだいこんを巨大な木樽に漬け込みます。

夏を越す長期の保存にも耐えるよう、食べる時期により樽ごとに塩の量が調整されます。樽から出したての甘くて香り高い新漬はもちろん、長期にわたって漬け込まれ、発酵により酸味が出た古漬も深い禅味が楽しめます。

食べる際にポリポリと噛む音が出ないよう、透けるほど薄く切るのが道場の作法。また、古漬たくあんをごま油で炒め、刻みしょうがとともにだしで煮込む炒め煮もたいへんおいしいものです。

ところで、江戸時代中期に精米が流行し、白いご飯が好まれるようになると、「江戸わずらい」と呼ばれた「脚気《かっけ》」が蔓延しました。脚気はビタミンB_1不足によって発症しますが、精米時にせっかくのビタミンB_1がぬかとして削られてしまうことがおもな原因です。味の濃いわずかなおかずだけで白いご飯をたくさん食べるような、栄養的に偏った食生活も遠因となります。

現在の修行道場でも、入門前の豊かな食生活から、道場の質素な食事への急激な変化にからだが順応せず、また、空腹をおそれてご飯やお粥をたくさん食べてしまい、副食との量的バランスをくずし、ビタミンB_1不足を起こして脚気に悩まされる新米雲水が跡を絶ちません。

じつは、たくあんこそが脚気を防ぐための妙薬なのです。精米時に出るぬかを利用し、干しただいこんをたくあん漬にすると、ぬかの栄養分を吸収して栄養素が増し、特にビタミンB_1は生のだいこんに比べて十倍以上に増加します。

たくあんは脚気を防ぎ、雲水の健康を陰で支える、禅寺に欠かせない名脇役だということがおわかりいただけたでしょうか。

たくあんは食べても音が出ないように、ごく薄く切る。

かぶの柚子巻漬

柚子をかぶと昆布で巻いた上品な漬けものです。かぶの甘みとゆずの香りがよく合います。柚子のかわりににんじんを巻くと、紅白でお祝いの席にも向きます。

材料（作りやすい分量）

かぶ——大きめ2個（300g）
黄柚子——½個
昆布（だしがら）——30g
A
純米酢——カップ½
砂糖——大さじ1
塩——少々（1・25㎖）

作り方

1 かぶを薄い輪切りにする。ざるに並べて半日干し、しなびさせる。
＊水カップ2に塩大さじ1⅓（20㎖／材料表外）を入れた塩水に1時間ほど浮かべてもよい。

2 黄柚子の皮を厚めにむき、皮をマッチ棒くらいの大きさに切る。

3 昆布をごく細く長めに切り、塩ゆでしてやわらかくする。

4 **1**のかぶを広げ、**2**を芯にして丸め、**3**で結ぶ。

5 **A**をよく混ぜ合わせて漬け汁を作り、**4**を3日前後漬ける。

野菜の酒粕漬

材料（作りやすい分量）

きゅうり、にんじん、なす、セロリなど——各適量
酒粕（やわらかめのもの）——500g
焼酎（35度）——カップ½
塩——小さじ2

酒粕のうまみが野菜にしみ込んで風味が増します。粕床を作るのに少々苦労しますが、一度作ればいろいろな野菜を漬け込むことができます。

作り方

1 酒粕をすり鉢に入れ、焼酎と塩を加えてよくすり混ぜ、密閉容器に入れる。2日に一度混ぜながら冷暗所で1週間～10日ほどねかせて、粕床を作る。

2 野菜適量を塩もみ（材料表外）し、5分ほどおいてしんなりさせ、水で洗って塩けをおとす。水けをよくきり、**1**の粕床に2日前後漬け込む。

＊暑い時期は粕床ごと冷蔵庫に入れる。

3 粕をぬぐいながら野菜を取り出し、よく洗って食べやすい大きさに切る。

「残った素材を利用して」

だしがら昆布で

調理中に出た皮や切りくず、だしがらなどを、ご家庭では無駄にすることなく工夫して使いきるようにしましょう。少しの量ならみそ汁や炒めもの、和合《あえ》ものに混ぜれば手間もかかりません。残った野菜をどう工夫するかを考えるのも大切な精進の心です。

だしがら昆布の煮もの

だしをとった後の昆布やしいたけを無駄にせず、煮ものとして利用します。なるべく細く切り、煮やすく、食べやすくします。

材料と作り方

1 だしがら昆布100gをなるべく細く切る。

2 だしがらしいたけ5枚（50g）の石づきを取り除き、細切りにする。

3 油揚げ1枚（20g）を食べやすい大きさの三角に切る。

*使い残しの端の部分でもよい。

4 鍋に1～3を入れ、昆布だしカップ2、酒大さじ2、みりん大さじ1 1/3（20㎖）、しょうゆ大さじ1、塩少々を加え、弱火で8～10分ほど煮る。

*ほかにも、残ったかんぴょう、にんじんやうどの皮、たけのこの中皮なども細く切って加えるとよい。

だしがら昆布の寒天寄せ

材料と作り方

1 昆布だしカップ1/4（50㎖）、酒大さじ2、薄口しょうゆ小さじ1を小鍋で沸騰させる。

2 だしがら昆布100gをざく切りし、**1**とともにフードプロセッサーにかけて細かくする。

3 **2**を鍋に入れ、昆布だしカップ2/5（80㎖）、酒大さじ1を加え、昆布がやわらかくなるまで煮る。粉寒天2〜3gを少しずつ加え混ぜ、ひと煮立ちさせて湯飲み茶碗などの容器に注ぎ、冷やし固める。

4 別の小鍋に昆布だし大さじ4 2/3（70㎖）、酒、みりん各大さじ1、薄口しょうゆ小さじ2、砂糖小さじ1/2をひと煮立ちさせ、沸騰したら片栗粉小さじ1を水大さじ1で溶いて少しずつ加え、とろみをつけて銀あんを作る。

5 固まった**2**を食べやすい大きさに切り、**4**のあんをかけ、おろししょうが少々をのせる。

＊**4**に純米酢大さじ2を加えて吉野酢仕立てにしてもよい。

だしがら昆布をくずして寒天で寄せます。デザート感覚で昆布を味わう一品です。

だしがら昆布の酢のもの

材料と作り方

1 だしがら昆布100g、昆布だしカップ$\frac{1}{4}$（50㎖）、酒大さじ2、薄口しょうゆ小さじ1を小鍋で煮て昆布をやわらかくし、フードプロセッサーにかけて細かくする。

2 小鍋に**1**と昆布だし大さじ1、塩少々を入れて3分ほど弱火で煮る。煮汁にとろみがついてきたら火を止め、穀物酢大さじ2を加えてよく混ぜ、味をなじませる。

3 器に盛り、おろししょうが少々をのせる。

もずくやめかぶのようにだしがら昆布を細かくして、酢でいただきます。昆布の栄養を最後まで無駄にせず食べることができるヘルシーな一品です。

だしがら昆布の佃煮

ごく弱火でじっくり煮ることにより、おいしい佃煮に仕あがります。火が強いとやわらかくならないので注意。多めに作り、冷蔵庫に保存しておけばおかずの一品になります。お茶受けにも最適です。

材料と作り方

1 だしがら昆布200gを角切りにする。

2 鍋に**1**と昆布だしカップ$1\frac{1}{2}$、酒大さじ$4\frac{2}{3}$（70㎖）、みりん大さじ2、砂糖小さじ2、しょうゆ大さじ1を入れ、落としぶたをして、昆布がやわらかくなるまでごく弱火で1時間〜1時間半くらい煮る。煮汁がほとんどなくなるまで煮たら器に盛り、山椒の粉少々をふる。

野菜の皮や根で

野菜の皮のきんぴら

材料と作り方

1 だいこんの皮、にんじんの皮、ズッキーニの皮、泥をおとしたごぼうの皮、うどの皮など合わせて60gくらいを細切りにし、鍋にごま油小さじ½を熱して炒める。

2 **1**に酒、みりん各大さじ1としょうゆ小さじ1、塩少々を加えてひと炒めし、器に盛ってごまをふる。

*皮の種類は一例。その時々にあるものを使う。皮がしなびているようなら、しばらく水につけてしゃきっとさせてから使う。

皮が出るたびに細く切り、保存袋に入れて冷蔵庫で保存し、ある程度の量になったらきんぴらにするとよいでしょう。

野菜の皮のごま和《あ》合《え》

材料と作り方

1 木綿豆腐⅙丁（50g）をふきんかペーパータオルで包み、重しをのせて水けをきる。

2 白すりごまカップ¼（50㎖）を軽く煎ってすり鉢に入れ、油が出るまですりあげる。

*ごまペースト大さじ4でもよい。

3 昆布だし、酒各大さじ1とみりん、しょうゆ各小さじ1を小鍋でひと煮立ちさせて**2**に加え、つぶした**1**も加え混ぜてあえしろを作り、「野菜の皮のきんぴら」適量を入れてあえる。

「野菜の皮のきんぴら」のバリエーションです。野菜の皮周辺には、濃厚な味と栄養が含まれていますので、皮を捨てることなく、おいしい料理をたくさん作ってください。

残り野菜のスープ

材料と作り方

1 だいこんの皮50g、にんじんの皮30g、セロリの葉10g、セロリの芯30g、白菜の芯50g、だしがらしいたけ2枚（20g）、厚揚げ30g、なすの頭の部分10gなどを食べやすい大きさに切る。かたい芯やヘタの部分は薄く切る。

＊個々の分量や具は一例。セロリ以外はその時々にあるものを使う。

2 鍋に1と昆布だしカップ2½、酒カップ¼（50㎖）、みりん大さじ1、薄口しょうゆ小さじ2、塩小さじ½を入れ、弱火で15分ほど煮る。

＊特にかたい具があれば煮る前に油で炒めてから煮る。また、かたい具とやわらかい具が混在する場合は、やわらかい具は後から入れて煮る。

ふつう捨ててしまう野菜の芯などは甘みがあって、しかも栄養たっぷり。セロリの風味がさわやかなスープです。

せりの根の天ぷら

材料と作り方

1 せりの根数本（150g）をよく洗い、泥をていねいに落とす。

2 天ぷら粉または小麦粉を水で軽く溶いて1をくぐらせ、180℃に熱した油でサッと揚げる。

＊粉と水の割合は粉の種類によって変わるため、説明書にしたがう。
＊おろしポン酢や塩でいただく。

せりは根の部分が甘くて一番おいしいのです。洗っても取りきれない少しの泥は気にせずそのままに揚げます。野趣あふれる山里の味が楽しめます。

ほうれん草の根の辛子ごまみそ和合《あえ》

材料と作り方

1 ほうれん草の根約10本分（100g）をよく洗って汚れを落とし、塩ゆでにして水にさらし、ざるにあげて冷ます。

2 白すりごま小さじ2をすり鉢に入れ、油が出るまですりあげる。

3 小鍋に酒大さじ1、みりん小さじ2、しょうゆ小さじ½を軽く沸騰させて**2**に加え、すり混ぜる。減塩みそ小さじ2、練り辛子少々も加えてすりあげる。

4 白ごま（粒）小さじ½を小鍋で色がつくまで煎り、**3**に混ぜ、**1**を入れてあえる。

捨ててしまいがちなほうれん草の根には栄養がたくさん含まれており、大地の香りと濃厚でほんのり甘い味がします。根が太い場合は、縦に数回切るとよいでしょう。

精進料理の技

拙《つたな》いながらも、心にひびく芸術作品に出会ったことがあるでしょう。同じく、「家庭の味」や「ふるさとの味」などのように、素朴な中に作り手の暖かい心が伝わってくる料理があります。料理で一番大切なのは作り手の「心」だと思います。

ならば調理技術は必要ないかといえば、そうではありません。暖かい心に技術が伴えば、さらによろこばれる料理になります。本項では「精進料理の心」を表現するために欠かせない「技」の基本を紹介します。

三徳六味

［さんてるみ］

『典座教訓《てんぞきょうくん》』（道元禅師が正しき食について著した書物）に「六味精《ろくみくわ》しからず、三徳給《さんとくそなわ》らざるは、典座の衆《しゅ》に奉《ぶ》する所以《ゆえん》にあらず」（三徳を保ち、六味が調和した料理でなければ、典座の料理とはいえない）と記されているように、精進料理を調理する際には三徳と六味の調和が欠かせません。

三徳　軽軟《きょうなん》……くちあたりやさしく、さわやかで枯淡な味
浄潔《じょうけつ》……衛生的で清潔な調理場でよこしまな心なく作られた清らかな食事
如法作《にょほうさ》…調理の基本、また仏の教えを守って作られた正しき食事

六味　和食の調理では「五味五法五色」が基本です。
五味「苦味、酸味、甘味、辛味、塩け」＋「淡味《たんみ》」
五法「生、煮る、焼く、揚げる、蒸す」
五色「青、黄、赤、白、黒」

五味五法五色の考え方は、仏典というよりは中国の陰陽五行《おんみょうごぎょう》思想《しそう》の影響を受けて成立した思想です。これらを調和させることにより、見た目や栄養面で優れた、食べる者を飽きさせない料理を作ることができるのです。

そして精進料理では、「五味」にさらにもうひとつ「淡味」を加えて「六味」とします。それはたんなる薄味ではなく、「素材本来の自然な持ち味」と私は解釈しています。

たとえば、新鮮なだいこんやにんじんを生でかじってみると、自然な甘い味がします。また、炊きたてのお粥をよく味わうと、お米の甘さを感じることができます。お米が甘いなんて、ご存じでしたか？　その本来の味こそが淡味で、そこに無理に別の味を加えるのではなく、素材の持つ滋味を引き出すように調理することが大切なのです。私はこの「淡味」こそが精進料理の極意であると信じています。

精進料理はだしが肝心

精進料理では鰹節や煮干しなど動物性のだしを用いず、昆布や干ししいたけなど植物性のだしを用います。だしこそが繊細な精進料理のできばえを左右する一番のポイントなのです。試しにカップ1の水に塩少々を入れてひと煮立ちさせたものと、水ではなく昆布だしを用いた場合とで味を比べてみてください。その違いは明らかでしょう。したがって、たとえばごま和合《あえ》のあえしろを作る際、すりあげたごまをゆるめるために水を加えたのでは、ごまの味をたんに薄めてしまうだけなのに対し、だしを加えれば、ごまの風味をより高めることができるのです。

また、よいだしを使った料理には、水だけの場合に比べて少ない調味料で深みのある味をつけることができ、塩分が少なくてすむなど健康面にも効果が期待できます。

昆布だし

［一番だし］

1 水2ℓに対し昆布約20gを鍋に浮かべ、30分ほどつけておく。

＊市販の昆布はおおかたきれいなので、よほど汚れていなければ拭いたり洗ったりする必要はない。表面の白い粉はマンニットといううまみ成分なので、そのまま使う。

2 昆布がふやけたら点火し、沸騰する直前で火力を落とし、煮立たせないように調整しながら、2～3分、昆布を泳がせてから引きあげ、火を止める。

＊沸騰させるよりも、中温を保つほうがよいだしがとれる。

＊特に上質な昆布や、あとで鰹節のだしと合わせる和食の場合は、沸騰してすぐに昆布を引きあげるが、一般的な昆布を用いる場合はあまり早く引きあげると十分なだしをとることができない。昆布の質によってもだしのとり方を工夫する必要がある。

●一番だしはクセがなく、香りがよく色も薄いため、吸いものなどに使う。

［二番だし］

一番だしに使った昆布を1ℓ以下の少なめの水に入れ、5～8分ほど煮立たせて、残ったうまみ成分をすべて抽出する。

＊昆布が煮くずれた場合はこしてから使う。

●煮ものなど、長時間加熱する料理や、和合《あえ》ものなどに使う。

高梨典《てん》座《ぞ》おすすめの家庭だし

上記の方法は、本格的に精進料理を作る際には欠かせない手順なのですが、ご家庭では少々手間がかかりすぎます。加熱してとっただしをさらに冷まして使用するには時間も必要です。そこでおすすめするのがこの方法です。

前の晩に、麦茶などを注ぐための容器に水2ℓと昆布20gを入れ、冷蔵庫で冷やしておきます。すると翌朝にはよいだしが抽出されています。容器から使う分だけ注ぐことができて非常に便利です。これは「水出し」と呼ばれる方法で、便利な反面そのままでは雑味があるため、加熱してアクを取り除かなくてはいけませんが、通常の料理は加熱を経るため問題はないでしょう。なお、古くなると傷むので二日以内に使いきります。使いきったら、二番だしのときと同様に煮出せばもう一度だしをとることができます。

しいたけだし

水1ℓに対して4、5枚の干ししいたけを浮かべ、一晩おいてだしをとる。

＊しいたけは水の温度が低いほうがよいだしがとれるので、容器ごと冷蔵庫に入れておくとよい。急ぐ場合はぬるま湯に砂糖少々を加えて干ししいたけを戻す。

●昆布に比べて安価で、濃いだしもとれ、だしがらの身も利用しやすい反面、かなり強烈な個性を持つため、用いる料理を選ぶ必要がある。また、加熱するとかなりの量のアクが出るため、アクを取り除くことを考えて少し多めに計量するとよい。

その他のだし

軽く煎った大豆を一晩水につけたもどし汁、また、かんぴょうや乾燥わかめ、切干しだいこんやひじきなどの戻し汁を軽く沸騰させてアクをとり、料理に応じて利用する。

調理酒、みりんの効果

だしと同様、調理に欠かせないのが酒とみりんです。禅寺に酒は御法度なのでは、とよく言われますが、アルコール分は加熱により取り除かれてしまうため、酔う目的ではありませんからご心配は無用です。

調理酒を使うと、

一、素材の味を引き出す
二、つやとコクがでる
三、うまみ成分が含まれているため味が深くなる
四、香りがよくなる
五、素材がやわらかくなり、味がしみやすくなる
六、殺菌作用により、保存性がよくなる

などの効果があります。

一方、みりんには、強い甘みと照りをつける効果があります。ちなみに本書ではできるだけ砂糖を使わずみりんを用いていますが、お弁当など、すぐ食べずに時間があく場合には、保存性を考えて殺菌力の強い砂糖を使うようにするとよいでしょう。

淡味を引き出すうまみ成分

本書のレシピを見てお気づきの通り、ほとんどの料理に昆布だしやしいたけだし、酒、みりんが使われています。これには大きな理由があるのです。

昆布にはおもにグルタミン酸、干ししいたけにはグアニル酸という、うまみ成分が含まれています。これらのうまみ成分は、単体だけを濃く用いるよりも、種類の違ううまみ成分を混ぜ合わせたほうが、相乗効果によっておいしさが倍増するといわれています。

したがって、性格の違ううまみ成分を、その風味や食材との相性を考えながら効果的に混ぜることが大切です。一方で、あっさりした味をだすために、あえてうまみ成分を避けて水を用いる場合もあります。

さらに、酒やみりん、塩などの調味料にもうまみ成分が含まれています。

お酒を造る際には玄米を削って精米しますが、高価なお酒ほど精米度が高く、その分のどごしや香り、色などに雑味がないすっきりしたお酒ができます。ところが、その玄米から削ってしまう部分にうまみ成分であるアミノ酸が多く含まれているため、料理には、あまり精米していないお米で作ったお酒のほうがよいのです。しかし、それは製法も難しく、またお酒として飲むには問題が多くなってしまうのです。

最近は、飲用と相対するこの問題を解決して調理用に特化したお酒が市販されており、私も愛用しています。

なお、安価なお酒やみりんの中には、うまみ成分を人工的に添加したものや、酒税法の関係で塩を加えたものもあります。これらには、うまみ成分の相乗効果はあまり期待できません。

同様に精製塩もせっかくのうまみ成分となるミネラル分が除去されているので、精進料理ではうまみ成分を含んだあら塩や天然塩を使うことをおすすめします。

精進料理では、だし＋酒＋みりんによって異なるうまみ成分を組み合わせることが大切だとおわかりいただけたことでしょう。さらにその先に、塩、しょうゆ、みそ、酢などで味を加えていきますが、これらの調味料、そして用いる食材自体にもさまざまなうまみ成分が含まれています。それを上手に組み合わせることによって、食材の持ち味を十分に引き立てることができ、精進料理の極意である「淡味」が実現できるのです。

伝えていきたい

お供えの作法

お互いが助け合って生活していたかつての農村社会では、集落内で葬儀を行う場合、近所の住民が受付、会計、埋葬準備、飾りつけ、食事係などの実務を手分けしてお手伝いしていました。自宅で葬儀を行う場合が多く、式が終わると近親者によって棺が担がれ、村はずれの墓地まで野辺送りの葬列が組まれました。その際に用いる色とりどりの飾りつけや葬具も、村人による手作りでした。

そして台所では、故人にとってこの世で最後の食事となる霊膳が懇《ねんご》ろに調理されて供えられ、会葬者も同じ料理をお別れのご相伴《しょうばん》としていただいたのです。

ところが社会構成が大きく変化しつつある近年、葬儀のスタイルも激変しています。斎場《さいじょう》やホールでの葬儀が増え、葬儀社が実務を担当するようになって、こうした伝統的な葬儀運営は一部地域で残るのみとなりました。

もちろん、それは時代の要請でもあり、便利でよい面もたくさんあります。しかし、最近は葬儀式場で手作りのお膳がお供えされている様子をあまり見なくなってきました。儀式的な側面ばかりが優先され、肝心な故人を送るまごころをどこかに置き忘れてしまったようにも感じます。

また、葬儀の準備などを自分たちで行わなくなったことにより、地域内での作法の伝承が途絶えつつある現在、近親者の命日やお盆・お彼岸などの際に、自宅のお仏壇にお膳をお供えする人が減っています。聞くとほとんどの方が、お供えの方法がわからないと答えます。

誰もがお仏壇のご先祖さまに手を合わせ、感謝の念をもって毎日を送っていたあの頃。不便でも心は豊かだったように思います。「あの人はこのおかずが好きだったなあ」とか「生前は私の味つけに文句を言っていたなあ」などとあれこれ考えながら一心に調理するとき、それ自体が故人への尊い供養となるのです。

もちろん毎日はむずかしいでしょうが、できれば特別な日だけでも、手作りの心を込めた精進料理をご先祖様やあの世へ旅立った親しい人へお供えし、清らかなまごころをささげてみてはいかがでしょうか。

御仏膳
［ごぶつぜん］

平常時は、「御仏飯《おぶっぱん》」または「御仏餉《おぶっしょう》」と呼ばれる少量のご飯と、お茶とお水を仏壇にお供えしますが、故人の命日やお正月、お彼岸、お盆などの特別な日には手作りのお膳をお供えしたいものです。

呼び方は宗派により違いますが、仏教では一般的に、霊魂は四十九日間で仏になると考えるため、お葬式、および四十九日法要までにお供えするお膳を「御霊膳《ごれいぜん》」、それ以降、または本尊様などにお供えするお膳は「御仏膳」と呼びます。

器は、お手持ちのものを用いてもよいのですが、できれば仏壇の大きさにあった専用のお膳セットを用意するとよいでしょう。市販のお膳セットの多くは、「九重椀《ここのえわん》」という、ふたを含めて九枚のお椀が一式になったものです。ふたを除く五枚の器に、「ご飯」「汁」「漬けもの」「おかず二品」を盛ります。また、裏返したふたに漬けものを盛り、空いた高坏《たかつき》にもう一品おかずを加えれば、「一汁三菜」のより丁寧なお膳になります（写真参照）。

献立は基本的に精進料理で、生《なま》ぐさものは避けます。ご飯のかわりに麺類でもかまいません。なお、お供えする際はふたを外し、お箸のある側を仏様のほうに向けます。

お椀の並べ方の一例

＊写真は一汁三菜の場合です。漬けもの皿は坪のふたを裏返して使います。一汁二菜にする場合は坪のふたをやめ、漬けものを高杯にのせて坪の位置と入れ替えます。

おはぎ

お彼岸のお供えといえばおはぎ。子どものころ、貴重な甘味《かんみ》としておはぎを楽しみにしていた方も多いのではないでしょうか。

　春のお彼岸には、季節の花である牡丹になぞらえて「牡《ぼ》丹餅《たもち》」、秋のお彼岸には、秋に咲く萩の名を借りて「お萩」と呼びます。また、あんの原料である小豆は秋に収穫されるため、秋には穫れたてのやわらかい小豆を使うので皮ごとつぶす粒あんを用い、一冬越した翌春には、かたくなった小豆の皮を取り除いてこしあんにしていました。かつては呼び方だけでなく、あんにも違いがあったのです。現在は一年を通しておはぎと呼ぶことが多いようです。

　かつて日本人は小豆の赤色を尊び、神仏へのお供えとして献じ、季節の節目やお祝いの際にあんや赤飯として食してきました。小豆は、食物繊維やビタミンB、鉄分やポリフェノールなどが豊富で、栄養的にも優れた食材です。ときにはまごころ込めた手作りのおはぎを、ご先祖様や亡き人にお供えしてみてはいかがでしょうか。

おはぎの作り方

材料（10個分）と作り方

1 小豆カップ2を一晩多めの水につけておく。
2 餅米カップ1½、うるち米カップ½を混ぜてとぎ、一晩多めの水につけておく。
3 1の浮いた小豆の中から悪いものを除いて、水を捨て、鍋に多めの水と小豆を入れ、中火で煮る。
4 小豆がある程度やわらかくなったらゆで汁を捨て、新たに水カップ5を入れて弱火で煮る。
5 砂糖500g（できれば白砂糖400gとザラメ砂糖100g）と塩少々を加え、焦がさないよう注意しながら煮汁がほぼなくなるまで煮詰める。最後にみりんカップ½を加えて3分ほど軽く練りあげ、火を止めて1時間ほどそのままおく。
6 2の水を捨てて炊飯器に米を入れ、塩少々、昆布5㎝を入れて通常の水加減で炊く。
7 6が炊きあがったら昆布を取り出し、すりこぎ棒をぬらして米をつぶす。
＊つぶし加減は好みで。つぶすほど粘りがでる。
8 手のひらを水でぬらし、7を丸め、5で包む。
＊ぼた餅の場合は5をこす。

お団子

お葬式や年回法要などの際、故人の御霊（仏）前にお供えする、お米の粉で作った白いお団子。

お釈迦様はおなかの病気がもとでこの世を去りました。弟子たちが病床のお釈迦様になんとか元気を出してもらおうと、消化がよいようにご飯をすりつぶして団子にしてお出しした故事に由来するといわれます。

また『大般涅槃経《だいはつねはんぎょう》』というお経には、お釈迦様が亡くなる直前に天から仏様の使いがあらわれて、特別なお団子をくださったものの、死期を悟ったお釈迦様はあえてそれを食べることなくお亡くなりになったと記されています。

お団子の由来には、弟子たちがそのお団子を亡くなったお釈迦様にお供えした故事にならうという説や、死後の旅でおなかがすかないように持って行くお弁当代わり、という説もあります。

その個数や大きさ、お供えの仕方は地域によってさまざまで、中には非常にユニークな伝承を守っている地方もあります。ここで紹介したのはあくまで基本的な作り方ですので、その土地独特の作法を和尚さんや古老に聞いてみると興味深いでしょう。

なお、最近は害獣や害鳥防止、また衛生問題などにより、お墓にお団子などのお供えものを置いたままにできない墓地も増えています。その場合はお参りが済んだら持ち帰ってあらためて仏壇に供え、おさがりをいただくようにしましょう。

お団子の作り方

材料（50個分）と作り方

1 上新粉500gに熱湯約330㎖を加える。
＊熱湯の量は粉の湿度によって変わるので、少なめに加え、様子をみながら足すとよい。
＊塩少々を加え、塩味にしてもよい。
2 耳たぶくらいのかたさにこねて、ひとかたまりにした後、ひとくち大に分けて丸める。
3 鍋に湯を沸騰させ、**2**を入れてゆでる。
4 ５〜７分くらいゆで、団子が浮いてきたらざるにあげ、水で軽く洗って、再びざるにあげ、しばらくそのままおいて冷ます。

「サバの作法」

応量器《おうりょうき》とともに用い、器をふき清めるための棒をセツといいます。その棒の先に数粒のせられたご飯、これを「生《さ》飯《ば》」といい、ありとあらゆる一切の他者に、自らの食事を分け与えようとする施しのまごころを表した作法です。

ご飯や汁、おかずなどが配膳されたのち、僧たちは「生飯の偈《げ》」という句を唱え、自分の椀の中から七粒のご飯を取り分けてセツにのせます。

汝等鬼神衆《じてんきじんしゅ》　我今施汝供《ごきんすじきゅう》　此食遍十方《すじへんじほう》　一切鬼神共《いしきじんきゅう》

（鬼神たちよ、私はいまあなた方に食事を供養します。この食事が普《あまね》くすべての尊きいのちたちに届かんことを）

生飯は食事中に配膳係によって回収され、一つに集められて、境内の片隅にある「生飯台《さばだい》」の上に供えられます。それは目に見えぬ鬼神衆《きじんしゅう》、有縁無縁三界《うえんむえんさんがい》の万霊《ばんれい》、そして小鳥や蟻などの虫たちに分け与えられ、供養されるのです。

この作法の起源は、『根本説一切有部毘奈耶雑事《こんぽんせついっさいうぶびなやぞうじ》』という経典などに記されています。

インドの王舎城《おうしゃじょう》近くに住む鬼子母神《きしもじん》が子供をさらって食べていたところ、お釈迦様が彼女の子を隠し、子を失った親の悲しみを説いて改心させ、以降は子を慈しむ仏教の守護神となったという伝説を聞いたことがあるでしょう。その際、「ところで今後私たちは何を食べたらよいのでしょう」と尋ねる鬼子母神に、お釈迦様は「では、これからは私たち僧侶が食事の際、そなたたちのために飯を分けて

セツにのせられたご飯は施しの心を表す。

供養しましょう」と約束したのがはじまりといわれます。

その由来はさておき、現代に生きる私たちにとって大切なことは、目の前の食事を自分一人だけが食べればそれでよいという利己的な精神を誡《いまし》め、尊い食事に感謝しながらもすべての他者に分け与えようとする施しの心、あるいは広い視点に立った自然界との共存共栄の心をもつことではないでしょうか。

少なくとも私自身は、鬼神を含めた一切の精霊と、生きとし生けるものすべての幸せを願って生飯を取り分けています。皆さんが直接行う機会は少ないと思いますが、その作法に込められた分かち合いの心だけはぜひ大切にしたいものです。

著者の精進料理研究所「三心亭無苦庵（さんしんていむくあん）」の生飯台（さばだい）。

精進料理を読む

道元禅師著『典座教訓』
『赴粥飯法』。

＊『典座教訓』『赴粥飯法』の原書は漢文体で記されておりますが、本章では読者の理解を助けるため、書き下し文や私訳のかたちで紹介しております。また、一部原文通りの表記や記載順にこだわらず、要点のみを抜粋抽出して併記解説した箇所もありますので、興味を持たれた方は原文をご参照ください。

作る心

『典座教訓［てんぞきょうくん］』を読む

若き道元禅師が修行のため宋に赴いた際の話です。

上陸許可がおりるまで船に留まっていると、中国の修行道場で典座（料理長）を務める年配の僧が食材を買うために船を訪れました。道元禅師は現地の話を聞こうとして、帰途を急ごうとする典座和尚を引きとめましたが、典座和尚は早く戻って食事を作りたいからとその申し出をかたく断りました。道元禅師は些《いささ》か気を悪くしたのでしょうか、「食事の用意など誰かほかの者がするでしょうに。あなたのようないい年をした僧が坐禅や仏法の勉強ではなく、わずらわしい料理係を一生懸命務めて何か良いことでもあるのですか」と少々強く言い返しました。するとその典座和尚は大笑いしながら、「日本からきた前途ある若者よ、あなたは修行とは何であるかが、まったくわかっていませんな」と言い残して去ってしまったのです。

また後日、宋の修行道場でのできごとです。

ある暑い日の昼間、眉毛が真っ白で腰の曲がった老典座が、杖をつきながら汗だくになって本堂の脇で海藻を干していました。みかねた道元禅師が、「こんな暑い日ですから、誰か若い人にでもさせたらどうですか」と声をかけると、典座和尚は「他《た》は是《こ》れ吾《われ》にあらず」（他人がしたのでは私の修行にならない）と短いながらもかたい信念をにじませる答えを返しました。「ではせめてもう少し涼しいときになさったらいかがですか」と心配する道元禅師に、老典座は「更《さら》に何《いず》れのときをか待たん」（いませずにいつするのか）と答えたのです。

道元禅師は、このような真の典座和尚たちとの出会いを通じ、料理や食事がいかに大切な修行であるかを深く学ばれたのです。

道元禅師がこれらの経験を元に正しき食、正しき修行について一二三七年に著した書物が『典座教訓』です。

典座とは

仏家《ぶっけ》に本従《もとよ》り六知事《ろくちじ》あり。就中《なかんずく》、典座の一職《いっしき》は是れ衆僧《しゅぞう》の弁食《べんじき》を掌《つかさど》る。古《いにし》え従《よ》り道心《どうしん》の師僧《しそう》、発心《ほっしん》の高士《こうし》、充《あ》てられ来たりし職なり。若し道心なくば、徒《いたず》らに辛苦《しんく》を労して畢《ひっ》竟益無《きょうえきな》し。

（仏道を求めて日々修行に励む道場には、「六知事《ろくちじ》」——都寺《つうす》＝寺院の総監、監寺《かんす》＝寺務責任者、副寺《ふうす》＝会計責任者、維那《いの》＝雲水の指導統括、典座、直歳《しっすい》＝伽藍《がらん》の営繕維持責任者——と呼ばれる六種の役職が欠かせません。その中でも、典座は修行僧たちの「食」にかかわる修行をとりしきる大切な役目です。古来、特に修行に対する決意がかたく、向上心あふれる優れた僧たちが務めてきた伝統ある職務です。その意義と責任を自覚することなく、迷いの心をもって務めたならば、ただ無駄に苦労するだけで何の意味もないでしょう）

まずその冒頭で、典座がいかに大切な役職であるかが強調されています。道元禅師の体験からもうかがわれるように、当時わが国の僧たちは、食事の準備を面倒な雑事だと考えており、なるべく手間をかけず、その分坐禅や経典の研究などに専念すべきであると認識していたのです。私たちも、ともすれば毎日の仕事を優先するあまり、食事を軽視し、うとましくさえ思う節はないでしょうか。

現在の修行道場でも、入門したての雲水が「毎日いもやだいこんの皮をむいてばかり。こんなことを続けて本当に修行になるのだろうか」と料理係に対する不安を口にすることがあります。それは法衣《ほうえ》を着て読経《どきょう》することだけが修行だと思っている誤った考えです。料理でも掃除でも草むしりでも、すべてが坐禅と同じく尊い仏行なのです。そうした誤解を正し、真の禅修行を説こうとする道元禅師の決意表明ともとれる名文です。

手間と工夫を惜しまない

須《すべか》らく道心を運《めぐ》らして、時に随《したが》って改変し、大衆《だいしゅ》をして受《じゅ》用安楽《ゆうあんらく》ならしむるべし。

（常に努力と手間を惜しまず、季節や天候、その日の修行内容などに応じて献立や調理法を工夫し、修行僧たちが身も心も満足するような料理を作りなさい）

あまりおいしくない料理を我慢して食べるのが修行、という悪いイメージもあるようですが、そんなことはありません。『典座教訓』には、与えられた食材を最大限に生かして、食べる者が満足しやすらかになるよう調理せよ、と書かれています。具体的に言えば、おいしく調理しなさいという意味だと思うのです。

たとえば、檀家さんや信者さんなどがとれたての野菜をお寺にお供えしてくださる場合、時期によっては同じ食材ばかりがたくさん集まることもめずらしくありません。そんなときでも、調理法や味つけを変えながら、修行僧たちが飽きないように献立を考えるのです。暑い日が続いて皆の食欲が落ちるころには、酢のものやしょうが、辛みなどを上手に使って食欲をそそる献立にしたり、寒い季節には温かい献立、大掃除などの日にはいつもよりご飯の量を増やすなど、食べる側の立場に立った心遣いが必要なのです。

食材への敬意と感謝

供養《くよう》の物色《もっしき》を調弁《ちょうべん》するの術《じゅつ》は、物《もの》の細《さい》を論ぜず、物の麁《そ》を論ぜず、深く真実の心、敬重《けいじゅう》の心を生《おこ》すを詮要《せんよう》と為す。
所謂《いわゆる》、縦《たと》い莆菜羹《ふさいこう》を作るの時も、嫌厭軽忽《けんえんきょうこつ》の心を生すべからず、縦い頭乳羹《ずにゅうこう》を作るの時も喜躍歓悦《きやくかんえつ》の心を生すべからず。
切《せつ》に忌《い》む、色《いろ》を作《な》して口に料物《りょうもつ》の多少を説くことを。
莆菜を捧げ、莆菜を択《えら》ぶの時も真心《しんじん》・誠心《じょうしん》・浄潔心《じょうけっしん》もて醍《だい》醐味《ごみ》に準ずべし。

（精進料理を作る際は、食材の良し悪しに関わらず、等しくまごころと敬いの心を持つことが大切です。もし粗末な食材しかないときも、それを軽んじたり嫌がったりせず、また逆に最高の食材を扱うときも、浮き足だったりせず、いつも通り落ち着いて丁寧に調理すればよいのです。材料不足などの不満を口にすることなく、そんなときでも清らかで誠実なまごころをめぐらし、高級な食材に劣らぬ味を引き出すよう工夫するのです）

豪華な最高級の食材を揃えて調理し、美食を追求するグルメ企画をよく目にします。よい食材を揃えるのは料理の基本ですから否定はしませんが、最高の食材でなければおいしい料理ができないと誤解してしまっては誠に残念です。

素朴な材料を使った手料理や、なにげないおにぎりに、作った人のまごころを感じて心が暖まった経験があるでしょう。

私が師事した典座老師は、「高価で良い材料を揃えれば、上手にできて当たり前。粗末な材料でもおいしく作るのが典座の腕の見せ所じゃ」といつもおっしゃっていました。精進料理では「なんだ、こんな材料しかないのか」などと食材を軽んずるような傲慢《ごうまん》な態度は厳に慎むべきです。どんな食材にも、尊いいのちが宿っています。食材に対する敬意と感謝の念を忘れず、努力と工夫によって食材のいのちを生かすよう調理するのです。

わたしたちのいのちを繋いでくれる食材に敬意を持って向き合う。

無駄を出さない工夫

其《そ》の淘米《とうべい》の白水《はくすい》を取りても、亦虚《またむな》しくは棄《す》てざれ。古来、漉白水嚢《ろくはくすいのう》を置く。
如《も》し斉米《さいべい》を浸《ひた》すには典座水架《すいか》の辺《へん》を離るることなく、明眼《みょうがん》もて親しく見て、一粒《いちりゅう》をも費やさざれ。
古《いにしえ》に云う、「飯《はん》を蒸すには鍋頭《かとう》もて自頭《じとう》と為し、米《こめ》を淘《よな》ぐには水は是れ身命《しんめい》なりと知る」

（お米のとぎ汁も、無駄に捨ててはなりません。先人たちは流し場に漉《こ》し袋をつけ、とぎ汁とともにお米が流れてしまうことがないように工夫しました。お米の水加減をする際は流し場に十分注意し、お米が一粒も無駄に落ちたり流れたりしないように気をつけなさい。ご飯を炊くときは鍋などの道具を自分の頭と同じくらい大切にし、お米を研ぐときは水を自分のいのちだと思って無駄遣いしないよう気をつけるのです）

わが国では、食料の大半を海外から輸入したあげく、年間何千万トンもの食品ゴミを出しています。その中の何割かはまだ食べることができる手つかずの食品です。世界中で飢餓により毎日何万人もの尊いいのちが失われている中、このままでよいわけがありません。食材の尊いいのちをいただいて調理する以上、使える部分はすべて使い、なるべく無駄を出さないように調理する必要があります。

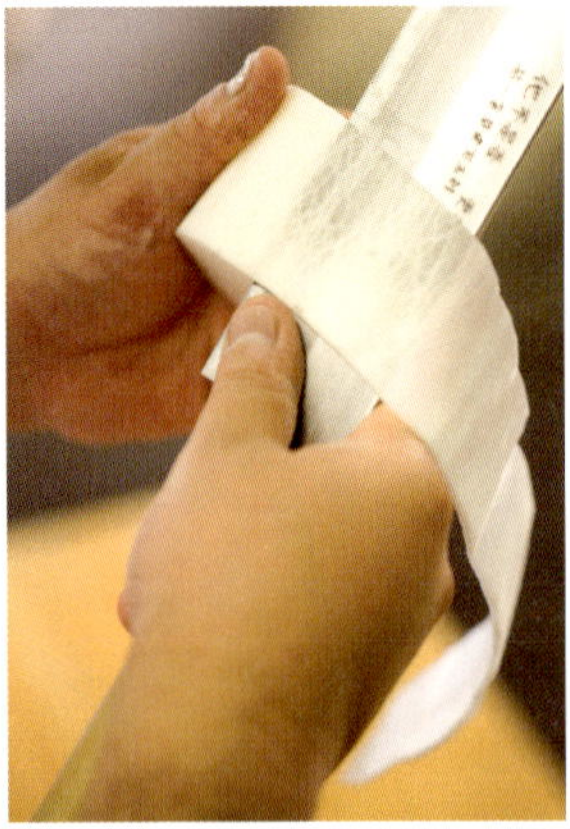
野菜の皮も立派な食材。

レシピに「だいこんやにんじんの皮をむいて……」と書いてあったとき、そのむいた皮をどうしていますか？　もしいままでそれを捨てていたのならば、ぜひいまからでもひと工夫して利用していただきたいのです。何も難しいことではありません、細かく切ってみそ汁や炒めものなどに加えればよいのです。

修行道場では、来客に出すお膳の場合は見栄えをよくするため、飾り切りをすることがありますが、その際出た切りくずは捨てることなく、修行僧が食べる別の料理に加えることによって無駄を出さない工夫をします。お米のとぎ汁も、ただ捨てることなくだいこんやかぶを煮る際の下ゆでに使ったり、養分として植木の根にかけたりして生かします。

昔ある大きな修行道場に黙山《もくさん》和尚という素晴らしい典座がお

りました。あるとき、修行僧たちのあいだにこんな噂が広まりました。典座和尚が、皆が寝たころをみはからって、何かおいしそうな料理を密かに作って食べている、と。それを聞いた住職は、彼にかぎってそんなはずはないと思い、自分の目で確かめることにしました。夜が更けて台所に行くと、噂通り黙山典座が鍋で何か煮ています。住職が「おいしそうだねえ、わしにもおくれ」と声をかけると、典座和尚は「これはとても住職様にお出しできるような代物ではございません」と断りました。そこで住職が無理に鍋のふたをとってみると、ごちそうどころか見たこともない異様な料理でした。おどろく住職に、黙山典座はこう言いました。「最近は修行僧が増えて食材が足りません。少しでも節約し、無駄を出さないために、流し場にこぼれたものや残った食材などを集めて煮直し、自分の食事にしていたのです」。住職は、その尊い心がけに、これぞ典座の鑑《かがみ》であると涙を流したと伝えられています。

もちろん、捨てるはずの残りものなどを、事情を隠して再び他人に出すことは許されませんが、調理人自身が納得したうえで、無駄を出さないよう自らの責任内で衛生的に工夫する心がけは、私たちの家庭でも見習いたいものです。無駄なく使い切れば、きっと野菜もよろこんでくれると思いませんか？

米のとぎ汁を植木の養分にする高梨典座。

調理場の整理と衛生

盤桶《ばんつう》并《ならび》に什物《じゅうもつ》調度《ちょうど》も精誠《せいせい》に浄潔《じょうけつ》し洗灌《せんかん》す。彼此《ひし》高処《こうしょ》に安《お》くべきは高処に安き、低処《ていしょ》に安くべきは低処に安け。高処《こうしょ》高平《こうへい》、低処低平《ていしょていへい》、挟杓《きょうしゃく》等の類の一切の物色《もつしき》も、一等《いっとう》に打《た》併《へい》して、真心《しんじん》に物を鑑《かん》し軽手《けいしゅ》に取放《しゅほう》せよ。

粥《しゅく》の米と水とを弁じ、鍋に納《い》れ了《おわ》らば心を護持《ごじ》に留めて、老鼠《ろうそ》等をして蝕誤《そくご》し、並びに諸色《しょしき》の閑人《かんじん》をして見蝕《けんそく》せしむること莫《なか》れ。

（調理を終えたら、使った器物を丁寧に洗い、整理整頓して衛生的な調理場の維持を心がけなさい。道具を棚などに戻す際は、道具によって高い所や低い場所など、どこに置くべきかをよく考えてすべての道具を大切に取り扱い、使いやすい台所を保つのです。明日の朝のお粥の水加減をすませたら、それらが不衛生にならないよう、鍋にふたをするなどの工夫をし、ずる賢いネズミが入り込んだり、暇な人が台所にやってきてふたをあけてあれこれつつかないように気をまわしなさい）

私はいろいろなお寺でお手伝いをしますが、どのお寺の台所もきれいに片づけられていて心が洗われるようなすがすがしい気持ちになります。「片づけまでが料理の腕」というように、一流の料理人は道具を大切にし、また調理場をきちんと整頓しておくものです。使った道具が山のように積みあげられ、いつくずれてくるかわからない台所で道具を探し出しながら料理するのではおいしい料理ができるはずもありません。たとえ狭くても、使いたい道具を使いたいときにサッと取り出せるよう整頓された台所がよいのです。また、整理整頓と衛生面は相互に関連しています。いくらおいしくても衛生面で問題があり、健康を害するようでは問題外です。道具を大切にし、きちんと片づけ、衛生的に調理してはじめて味も調うのです。

道元禅師ほどの歴史に名を残した希代の大禅家が、台所の整理整頓、鍋のふた、部外者の調理場への侵入という細かい点にまで心を巡らされたことにおどろきを隠せません。よい料理には、こうした細やかな心配りが大切なのです。

使いやすく整頓された「三心亭」（さんしんてい）調理場の棚。棚の上に見える文政・天保時代から寺に伝わる木のお盆はいまも現役。およそ200年ものあいだ、大切に使われてきた。

便利さに甘えない

古先《こせん》は縦《たと》い三銭を得て莆菜羹《ふさいこう》を作るも、今吾《わ》れは同じく三銭を得て頭乳羹《ずにゅうこう》を作らんとなり。此の事為《じ な》し難し。志《こころざし》を励まし、心を致《いた》して、庶幾《こいねがわ》くは浄潔《じょうけつ》なること古人《こじん》に勝り、審細《しんさい》なること先老《せんろう》を超えんことを。真《まこと》に憐憫《れんびん》すべし、其《そ》の人に遇《あ》わず、虚しく光陰《こういん》を度《わた》り浪《みだ》りに道業《どうぎょう》を破ることを。宝山《ほうざん》に入れりと雖《いえど》も空手《くうしゅ》にして帰り、宝海《ほうかい》に到れりと雖も、空身《くうしん》にして還る。

（かつて同じ道を求めて精進した先輩たちが作った料理よりも、同じ材料でもっとおいしく作るように努力しなくてはいけない。それは、とても難しいことです。しかし自らを奮い立たせ、まごころを込めて丁寧に調理すれば、きっと偉大な先輩たちに追いつくことができるでしょう。まずは素晴らしい教えを持つよき師に出会うことが大切です。そうでなければ、ただ虚しく時間だけが過ぎていくばかりです。まるで宝の山に入って手ぶらで帰ってくるくらいもったいないことです）

よく「昔は大変だった、いまは楽になったものだ」と思い出を語る人がいます。たいていそうした苦労話は現役世代から嫌がられることが多いのですが、じつは先輩たちが重ねてきた努力には、大いに耳を傾け、学ぶべき点がたくさんあるのです。薪をくべて釜でご飯を炊いていた時代に比べれば、電気やガスの炊飯器のおかげで大変便利になりました。すり鉢で三十分もかかったあえしろも、フードプロセッサーを使えば一瞬ですりあがります。手間がかからない便利な冷凍食品や調理済み食品も安価に入手できるようになりました。そうした便利さを否定するわけではありませんが、先輩たちがかつて苦労しながら調理していたころの気持ちを忘れてはいけないと思うのです。手間をかけ、時間をかけて料理することで、食べる相手を想うま

手間をかけている時間は、食べる人を想う時間。

こころが自然に育まれていたように思います。手軽に作ること で、その心まで忘れてしまってはなりません。むしろ便利にな った分だけ、いままで気がまわらなかったところに手をかける くらいの気概で調理したいものです。そのためには、よき師を求め、過去の努力や苦労によって築き上げられた伝統を学び、受け継いでいく必要があるのです。祖父母やご両親、あるいは近所の古老たちに、昔の苦労話を聞きながら料理の作り方を教わってみるのも意義深いことでしょう。

できあがった料理は、まず台所を守る韋駄尊天（いだそんてん）にお供えする。食材を供養する位牌は、高梨典座が特に願ってあつらえたもの。

三つの心

『典座教訓』には、何をするときにも忘れてはならない三つの心がまえ、「三心《さんしん》」が示されています。

いまこうして仏様のみ教えに出会い、調理できるご縁に感謝し、食べる人の幸せを祈って積極的にとりくむ「喜心《きしん》」。親が我が子を育てるように自分の苦労をいとわず、見返りも求めない慈しみの心で、相手の立場に立って親切に調理する「老心《ろうしん》」。大きな山や広い海のようにどっしりとした、固執したり偏ったりしないやすらかな心である「大心《だいしん》」。

この三つの心が調和してこそ、よき精進料理を調えることができるのです。この三つの心は出家修行者が保つべき心がまえですが、料理に限らず、皆さんの日々の生活にも学ぶべき点が多いのではないでしょうか。

入れ子式の応量器は、お釈迦様から伝わる大切な僧侶の食器。

いただく心

『赴粥飯法［ふしゅくはんぽう］』を読む

正式な修行としての食事

主に調理者の心のありようを説いた『典座教訓』に対し、その尊い料理をいただく際の食べる者の心がけと作法を示したのが『赴粥飯法』です。

そこに示された僧侶の正式な食事作法は「僧堂飯台《そうどうはんだい》」と呼ばれます。修行の根本道場とされる僧堂で、お袈裟《けさ》姿の正装で坐禅を組み、正式な修行として食事を行うことから、いかに道元禅師が食事を重視していたかがうかがえます。

僧堂内での私語は一切禁じられ、食事進行に関する合図はすべて木版《もっぱん》や鐘などの鳴らしものによって表されます。雲水が応《おう》量器《りょうき》と呼ばれる五枚重ねの黒漆椀を広げると、浄人《じょうにん》と呼ばれ

五観《ごかん》の偈《げ》

一つには功《こう》の多少《たしょう》を計《はか》り彼《か》の来処《らいしょ》を量《はか》る
（この食事ができるまでにかけられた多くの手間と苦労に思いをめぐらそう）感謝の心

二つには己《おのれ》が徳行《とくぎょう》の全欠《ぜんけつ》を忖《はか》って供《く》に応《おう》ず
（自分はこの尊い食事をいただくに値する正しい行いをしているだろうか）反省の心

三つには心《しん》を防《ふせ》ぎ過《とが》を離《はな》るることは貪等《とんとう》を宗《しゅう》とす
（過ちの元となるむさぼり、怒り、愚かさの三毒をおさえ、正しき心をもっていただきます）戒めの心

四つには正《まさ》に良薬《りょうやく》を事《こと》とするは形枯《ぎょうこ》を療《りょう》ぜんが為《ため》なり
（美味を楽しむためではなく、この身を保つための良き薬としていただきます）節制の心

五つには成道《じょうどう》の為《ため》の故《ゆえ》に今《いま》この食《じき》を受《う》く
（この尊い食事をいただき、自他ともに皆仏道を成《な》すことを願い、ありがたくいただきます）誓いの心

る給仕係が桶に入れた飯や汁、漬けものなどを配膳してまわります。そして数々のお唱えごとをおあげしながら食事が進み、食後に配られるわずかなお湯で各自の器を拭き清め、その場を離れることなく収納まで完結します。これにより百名をこえる雲水が整然と食事を進めることができる、非常に洗練された合理的食事スタイルなのです。

道場に入門したばかりの雲水はこの作法を身につけるまでたいへん苦労しますが、いったん体得してしまえば、さわやかな法悦とともにおいしく食事をいただくことができる非常にありがたい作法です。

感謝のお唱え

『赴粥飯法』には、食事の前後に唱えるいくつかのお唱えごとが記されています。その中から最も親しみやすい「五観《ごかん》の偈《げ》」をご紹介します。ぜひ、日常にお唱えください。

なお、お唱えごとが難しい場面では、手を合わせて「いただきます」「ごちそうさま」と念じるだけでもよいのです。この短い言葉に、長いお唱えごとと同様の、尊い食への感謝の意が込められているのです。「いただきます」と声を出すのが恥ずかしいでしょうか？　そんなことはないでしょう、堂々と声を出して感謝の心を表したいものです。

現代にも通じる食事作法

『赴粥飯法』の中から、現代のテーブル・マナーにも通じる大切な作法をいくつか意訳してご紹介します。

配膳・給仕の係は、食べる者があわてたり待ち疲れたりしないよう、配る早さに気をつかうこと。また料理を相手や食器にこぼさないよう注意して丁寧に配ること。

配膳係から食事を受け取ったり、よそってもらったりするときは、敬いの念を持ち、心正しく頂戴すること。まだ給仕係が自分の近くに来ていないうちから食器を差し出してものほしそうにせかしてはいけない。

隣の席の器をのぞき込み、量などを比べて不満の意をおこしてはならない。

食事が皆に行きわたる前に、先に食べはじめてはいけない。

ひざに肘をついて食べてはいけない。

食事中はからだをゆすったり、姿勢をくずしたりしてはいけない。また頭をかいたりあくびをしたりしてはいけない。舌打ちをしたり、のどを鳴らして食べたりしてはいけない。咳やくしゃみをするときは手で口鼻をおおうこと。

食べる際は、ご飯とおかずとを偏らず交互に食べなさい。器や箸、さじなどの音、ご飯を噛む音などを立てないように気をつけて食べなさい。

食事をいただくときは、自分が食べきれる量を考えてよそってもらいなさい。また食べきれていないのに、おかわりを求めてはいけない。

他の人と食べる早さを合わせて食事を進めること。自分だけ先に食べ終えて、他の人をながめたりしてはいけない。

食べ終わった後は、もっと食べたいという欲を抑えること。物欲しそうにつばを飲んだりしてはいけない。

どうでしょう、すでに七百五十年以上も前に、こうした食事作法が示されていたことにおどろきます。現代に生きる我々にも、反省すべき点が一つや二つはあるのではないでしょうか。作法をないがしろにしていい加減に食べることは、食を軽視することにつながります。作法を大切にして真剣に食べることが、尊い食事に対する感謝の意を表すことになるのです。

いただく心

さらに大切なことは、食べる者の心のありようです。食事と真剣に向き合えば、おのずからきちんと味わおうとする心が生まれます。何かをしながらついでに食べることなく、よく味わって丁寧に食べる習慣を心がけたいものです。

一方、料理に関心を持つと、料理そのものを味わい楽しむことを忘れ、料理の技術や表面的なできばえを批評したくなるものです。たとえば修行道場で雲水手作りの食事をいただく際、ときには経験の浅い雲水が調理した、至らぬ点が目立つ料理が出されることもあるかもしれません。それを「なんだ、この寺の精進料理はたいしたことないな」という態度で食べたのでは誠に残念です。

それは音楽を聴くときに演奏者の指の動きや技術的な部分だけに注目したり、絵画や書道で筆の運びや構図だけにとらわれて本質を見失うのと同じです。それよりも演奏や作品全体からなにを感じ、どう楽しむかのほうがはるかに幸せでしょう。

「ああこんなにたくさんの料理を丁寧に作るのは大変だっただろうなあ」と、尊い料理に素直に感謝してありがたくいただく謙虚な心を持ち、作り手のまごころを感じとろうとする姿勢こそが精進料理では大切だと思うのです。

そのためにもぜひ自分自身で調理を経験してください。実際に調理するとその難しさや苦労がよくわかります。さらには、機会があれば、作物が育つ農地に足を運び、いのちが育まれる過程を実体験できれば最高です。調理の苦労と食材のいのちの重さを身をもって知ってこそ、いつも自分がなにげなく食べていた食事に対して、きっと見る目が大きく変わり、自然と感謝の念がわくことでしょう。

花に見立てた、たくあん。おいしく、美しく食べていただこうという作り手のまごころを感じる。

精進料理の歴史

お釈迦様の食事

仏教は約二千五百年前のインドでお釈迦様によって開かれました。お釈迦様は真理に目覚めて正しく生きる道を説き続けましたが、やがて弟子や信者が増えると教団を維持するための規則や信仰規範である「戒律《かいりつ》」が制定されました。

食事に関する内容も数多く含まれ、特に「不殺生戒《ふせっしょうかい》」（殺さない）により、僧は猟や狩りなどをせず、また物への執着や所有欲を絶つため、蓄財につながる耕作などの生産行為も行いませんでした。そのため僧は家々を托鉢してまわり、信者から布施された野菜や穀類、木の実や果物など、菜食主体の質素な食事を食べていました。

とはいえ、この時代の食に関する規定は比較的柔軟性があり、たとえば托鉢でいただいた場合や病気で衰弱した僧などは肉や魚などを口にすることも許されていました。

また、当時のインドには菜食主義を徹底する宗教も存在しましたが、お釈迦様は過度の食材制限はかえって教えの本筋から遠ざかるおそれがあるとし、あえて菜食にはこだわりませんでした。『スッタニパータ』というお経では、お釈迦様は「人を殺したり、盗んだり、嘘をつくことなどを〝なまぐさ〟というのであり、肉食をなまぐさというのではない」と説き、心やすらかに正しき道を歩むことが最も重要であると示されたのです。

なお、調理場に関する規定や、食器や鍋などが散らかった様子をお釈迦様が嘆いた記録が残されていることから、いただいた料理を温めたり、穀類を煮てお粥にしたりするような簡単な調理は行っていたようですが、僧による手の込んだ料理は行われず、この時代にはいわゆる精進料理という概念はありませんでした。

中国で発展した精進料理

やがて、中国大陸に伝わった仏教は、中国固有の文化や思想の影響を受けて発展し、教義の解釈や方法論の違いによりいくつかの宗派が成立しました。中でも坐禅修行による実践的な宗旨を説く禅宗には多くの修行僧が集まり、現実的な問題として、托鉢だけで僧の食事をまかなうのは難しくなっていきました。

そこで禅宗では従来禁じられていた労働・生産行為を、むしろ教義的に尊い修行であると位置づけることによって田畑の耕作や食料の生産を認めました。この思想の転換が禅宗で精進料理が発展する岐路となったといえます。

しかし労働を認めるといっても、それが世俗的な蓄財目的で行われたのでは出家教団の意味がありません。そこで禅宗では独自の規則・規範である「清規《しんぎ》」を定め、調理など寺院運営に必要な実務労働がいかに尊い修行であるかを僧たちに示すと同時に、それが誤った方向に拡大しないよう細則を定めて教団内部を規制しました。

初期の中国禅宗で重んじられた『楞伽経《りょうがきょう》』や『梵網経《ぼんもうきょう》』、あるいは肉食の全面禁止を最初に説いたとされる『大般涅槃経《だいはつねはんぎょう》』などに肉やねぎ、にらなどを厳しく制限する記述がみられます。教団運営のために生産を認めたからといって、煩悩につながるような食事を自由に生産し食すのでは本末転倒です。そのため食事に関する制限が以前より厳しくなったのでしょう。また中国では食事によって病を防ぎ健康を保つ「医食同源《いしょくどうげん》」の考えが古くからさかんで、野菜の栄養や効用についても関心が高く、仏教が菜食主義化する素地となりました。

こうして調理が尊い修行であると説かれ、また食材が厳格に制限されたことにより、調理に対して真剣に努力と工夫を重ねる僧が増え、精進料理が技術的・教義的に発展することになりました。なお中国では精進料理を「素菜《そさい》／ツァサイ」と呼びます。

仏教伝来と初期の精進料理

わが国に六世紀中頃に伝わった仏教は国家に保護され、深く定着しました。やがて仏教教理とともに精進料理も伝えられたと推測され、平安時代中期の『枕草子』に精進料理に関する記載がみられます。

調理は修行。坐禅を組み、無心にごまをする。

六七五年に天武天皇の勅令によって僧侶の肉食が禁止されると、寺院の正式な料理としての精進料理が重視されるようになりました。当時の寺院は国家が統制していたため、正式行事や法要などで精進料理が出される機会が増え、調理内容のみならず、特に儀式食としての様式的側面が発達しました。

鎌倉新仏教と新しい精進料理

鎌倉時代になると国家的仏教の反動から、仏教本来の教えに立ちかえって民衆の苦しみを救おうとする動きが起こり、鎌倉仏教といわれる新しい宗派が生まれました。

浄土真宗を開いた親鸞上人《しんらんしょうにん》は、形式主義を廃して本質を求める立場をとりました。形骸化した不自然な禁欲を捨て去り、弟子たちの肉食妻帯を認めるなど、革新的な教義を説きました。そのかわり、近親者の葬儀や命日など特別な日には肉食を避けて身と心をととのえようとする「精進日」を定めました。現在でもその風習は各地に伝えられ、精進日を終える区切りの食事を「精進落とし」と呼んだりします。

また曹洞宗では永平寺を開いた道元禅師が『典座教訓《てんぞきょうくん》』や『赴粥飯法《ふしゅくはんぽう》』を著し、その教えを總持寺《そうじじ》を開いた瑩山《けいざん》禅師が全国に広める基礎をととのえ、特に調理や食事を大切な修行として重視したことにより、以後の精進料理発展に多大なる影響を与えました。

多くの知識人が集まる禅寺で調理技術の研究や工夫が熱心に行われ、また中国などに留学修行をした僧が持ち帰った大陸の調理文化や技術などを取り入れた結果、禅寺の精進料理はますます洗練されていきました。

民衆の精進料理

室町時代のころには精進料理を専門に作る「調菜人《ちょうさいにん》」と呼ばれる職業が成立し、寺院外で一般民衆のために精進料理が作られるようになりました。僧侶が生業《なりわい》として調菜人を務めることも多かったようで、当時の様子を伝える『酒飯論《しゅはんろん》』などの絵巻には、一般の料理人とともに野菜を用いて調理する法衣姿の僧が描かれています。

またこのころ禅宗の影響を受けながら生まれた茶道で、精進料理の質素枯淡な味を範とし、禅僧が温めた石を懐に抱いて飢えをしのいだことに由来する懐石料理が成立したことも、精進料理の技術が発展する要因となりました。

このころから禅院で参究された精進料理の技術と、民衆に広がった家庭的精進料理とが相互に交流し合い、また調理法・調理用具・新しい食材や調味料などの工夫もすすみ、精進料理は和食の一大潮流として発展していきました。江戸時代には、『和漢精進料理抄』『精進献立抄』などの専門書も著されました。

異国情緒香る普茶料理

　また、わが国における精進料理の歴史を語る際に欠かせないのが「普茶《ふちゃ》料理」です。江戸時代、いんげん豆を伝えたといわれる隠元《いんげん》禅師が来日し、禅宗の一派黄檗宗《おうばくしゅう》を開きました。中国の建築・儀礼作法などをそのままわが国に取り入れた黄檗宗では「普茶料理」と呼ぶ中国様式の精進料理を発展させました。

　麻腐《マフ》（ごま豆腐）、油鰦《ユジ》（天ぷら）など献立名も中国読みで、一つの卓を数人で囲み大皿に盛られた料理を取り分ける中国式作法で食します。また大陸で発展した野菜を肉や魚に似せて調理する「もどき料理」も特徴的です。こうした異国情緒あふれる普茶料理は、一般民衆にも人気が高く、江戸時代には『普茶料理抄』などの専門書も著されました。

大地に育まれた作物が、私たちの生命を育んでくれる。

　こうして歴史をたどってみると、ひとくちに精進料理といっても国や時代によってさまざまに変化してきたことがわかります。

　私見ですが、「精進料理」という語は純粋な仏教語としてその内容を厳密に規定することは難しく、むしろこうした長い歴史の中でさまざまな側面と意味をもちながら変化してきた仏教文化的な用語だろうと思います。

　ならば今後時代に応じてその内容がさらに変化していく可能性をおおいに含んでいるはずです。私は、肉や魚がだめで野菜ならばよいというような、単純な二元論で精進料理をとらえたくありません。なぜならば肉や魚と同様に野菜や穀類にも同じく尊いいのちが宿っており、不殺生という視点でみればどんな食材でもいのちをいただくことにかわりはないからです。

　しかし私たちはなにかを食べなくては生きていけません。だからこそ、お釈迦様の時代がそうだったように、「なにを食べるか」よりも「いかにして食べるか」が重要になるのです。

　大切な食材のいのちを文字通り「いただく」からには、食べた私たちがその尊いいのちに恥ずかしくないようなよき行いを積み、そして無駄なく丁寧に心をこめて調理すること、つまり食材のいのちを生かすことこそが本当の不殺生であろうと考えています。

春のめぐみを盛り込んだお膳

あとがき

春になり裏山の雪がとけると、冬のあいだ地面の下で小さくかがんで我慢していた手足を思いっきり伸ばすかのように、草花たちがいっせいに咲きはじめます。そんな大自然の偉大ないとなみの中に身を置くと、かわいらしく芽吹いたばかりの山椒の葉やたらの芽などの山菜をはさみで切るとき、本当に申し訳ない気がします。「尊いいのちをありがたく分けていただく」という謙虚な心を持たずにはおれません。

おいしいものがなんでもお店で売られ、自分で料理せずとも毎日の食事に困らない便利な時代になりました。しかし直接食材に触れて調理する機会が減ったことにより、いのちのありがたさや食材への感謝を実感できる場が少なくなっているのではないかと思います。精進料理に欠かせない、食に対する敬意と感謝の念を養うためにも、いまこそあらためて手作りの料理を見直すべきときだと強く感じております。

禅道場での典座修行に一区切りをつけ、豊かな大自然に囲まれた尾瀬のふもとに腰を落ち着けたいま、今後は山寺の典座和尚ならではの食育説法を発信していくつもりです。

今回縁あって調理・執筆のみならず、写真撮影にも挑戦することになりました。自分で撮ることにより、作るだけでは見えなかった多くの点に気づきました。まだまだ思うように撮れませんが、料理に対する想いが伝われば幸いです。御指導くださった写真家の今清水隆宏先生をはじめ、本書のためにご尽力くださった多くの方々に謹んで御礼申し上げます。

多謝合掌

著者

高梨尚之　たかなし しょうし

（調理・撮影・執筆）

1972年生。大本山永平寺にて禅の修行を積み、精進料理の技と心を学ぶ。

2001年より2005年まで、大本山永平寺東京別院にて副典座および典座を務める。

現在、三心亭無苦庵にて精進料理研究のかたわら、「典座和尚の食育説法」と称して講演・執筆・料理教室などを行う。

群馬県沼田市永福寺住職、曹洞宗布教師。

主著『永平寺の精進料理』『永平寺の心と精進料理』（ともに学習研究社）

ウェブサイト「典座ネット」主宰

http://www.tenzo.net/

漆器協力　株式会社吉田屋漆器店
（福井県鯖江市）
電話／0778-51-8080

スタッフ　デザイン
熊谷智子

撮影
楠 聖子
（p.100、167、176、179、187、192、193、195、196、197、203、207）

編集協力
梅津由美子

典座和尚の精進料理

2010年8月26日　発行

著者　高梨尚之
発行者　佐藤龍夫
発行所　株式会社大泉書店
住所　〒162-0805　東京都新宿区矢来町27
電話　03-3260-4001（代）　FAX03-3260-4074
振替　00140-7-1742

印刷・製本所　凸版印刷株式会社

URL http://www.oizumishoten.co.jp/
ISBN 978-4-278-03775-3　C0077　R38